-

罗马法民法大全翻译系列

CORPUS IURIS CIVILIS

DIGESTA

# 学说汇纂

## （第二十四卷）

## 夫妻间财产关系

黄美玲 译

[意] 腊 兰 校

中国政法大学出版社

2016 · 北京

# OSSERVATORIO SULLA CODIFICAZIONE E SULLA FORMAZIONE DEL GIURISTA IN CINA NEL QUADRO DEL SISTEMA GIURIDICO ROMANISTICO

Università degli Studi di Roma "Tor Vergata"
"Sapienza" Università di Roma
Dipartimento Identità Culturale del CNR
Università della Cina di Scienze Politiche e Giurisprudenza (CUPL)

Volume stampato con il contributo dello stesso Osservatorio

## DE NUPTIALIBUS REBUS
Traduzione in cinese con latino a fronte

A cura di Sandro Schipani
Professore Emerito di Diritto Romano, "Sapienza" Università di Roma

Traduzione in cinese di Huang Meiling
Professore associato dell 'Università Zhongnan di Economia e Giurisprudenza

Revisione dell'intera traduzione ad opera di Lara Colangelo
Assegnata di Ricerca dell' Osservatorio sulla codificazione e sulla
formazione del giurista in Cina nel quadro del sistema giuridico romanis-
tico

Con collaborazione del Centro di Studi sul diritto romano e Italiano
Università della Cina di Scienze Politiche e Giurisprudenza (CUPL)

# 序

1. 本卷《民法大全》是《学说汇纂》的第24卷，包括三章：①夫妻间赠与；②离婚与单方面地解除婚姻关系；③婚姻关系解除时的嫁资返还。

《学说汇纂》从第23卷就开始讨论婚姻与家庭的主题。在该卷中已经谈论了财产关系中的嫁资问题，嫁资为妇女而设立，并且与其婚姻的要式口约直接相关。该主题在本卷的最后一章又回归为我们论述的对象，讨论的是婚姻关系解除后的嫁资返还；对其论述在下一卷中还会继续。赠与的问题看上去像是一个插曲，但是对它的论述却是至关重要的连结点：事实上，仅仅在涉及婚姻关系时论述这一主题以进行禁止，论题的关联性在于夫妻间实质关系上的无偿性，这点在第24卷第1章的第1、2两个片段中已经阐明，但是在整个问题中都有反映。

另外，这一无偿性应该与下面这些要素保持平衡：婚姻的定义[1]中所表达的诉求以及它们在日常生活中的体

---

[1] Cfr. D. 23，2，1。莫德斯丁：《规则集》第1卷：婚姻是男女间的结合，是生活各方面的结合，是神法与人法的结合。西塞罗：《论义务》1，54：这便是城邦的开始，并且可以说是国家的起源。

现；婚姻中所产生的负担[1]，但是婚姻关系的解除，因不同的解除原因（死亡、丈夫财产所有权变动、离婚）、后代以及从父母开始的整个家庭关系等，有时候会导致这些负担消灭，有时候则会以不同的方式继续；还要与幸存的或者是离开共同生活的配偶的未来（生活）保持平衡。在这种背景下，赠与的禁止、禁止的限度与禁止的恢复、婚姻关系解除时的嫁资返还与其他必要的关联交汇到一起。

2. 除了夫妻关系之外，赠与还有其他的实施范畴。对它们的论述我们大致能在 D.39，5 中找到，关于临死前所作出的赠与则在 D.39，6 中（这一主题还可以参见 C.8，56）。公职人员与权威人士之间的赠与我们已经在 D.1，16，6，3 中有了简要的论述。父母对子女的赠与出现在《法典》的一章中（C.5，16，在该章中也论述了我们这一卷《学说汇纂》中所考察的夫妻间赠与）。结婚时所作出的赠与在《法典》中也被列为特别的一类（C.5，3），而附条件的赠与也在专门的一章中进行论述（C.8，54）。在优士丁尼的《法学阶梯》中有一章论述了赠与，而在盖尤斯的《法学阶梯》和《永久告示》中却都没有提及。这点很重要，因为它表明"赠与"在古典法中并不是一种特定的法律行为，而是一种取得行为的"原因"，它是设立或移转物权、设立债权或是解除债务等取得行为的合法依据。

---

[1] Cfr. D.23，3，56，1 ecc..

前面强调过，有一些原因证成着不同行为的合法性，即一些在很长时间内没有转化为具体法律行为的社会功能，但是它们可以通过求诸不同的法律行为而得以实现。这些社会功能或是偶然的或是抽象的，由于不同的原因而对应于抽象的或者偶然的法律行为。嫁资就是其中的一个例子：正如我们提到过的，它是对即将结婚的妇女（就即将结婚的妇女的利益）所作出的慷慨贡献，虽然她并不附属于她自己的家庭。这一"原因"可以转化为一种典型的、特定的行为，即嫁资允诺（dotis dictio）（参见 Gai. 3，95），但是它也可以通过向未来的丈夫移转嫁资物所有权或者是对其他物设立物权来进行转化，或者通过对未来的丈夫作出关于一笔款项的具有债权效力的要式口约来进行转化。另一个例子是和解协议，其内容是当事人之间相互妥协以结束纠纷：这一"原因"可以转化为不同的法律行为，大约公元 2 世纪才出现在互易（do ut des）行为中，我向你给付是为了你给我一个和解协议（transactio）（D. 2，15）。第三个例子当然是赠与，这些赠与构成一种"原因"。其特点是赠与人对受赠人最终分配某种财产性权利，实施时并不与对应给付相关联，而是表现为受赠人财产的增长以及赠与人财产的减少。后者本身也有这样的意图，即实现一种赠与。

罗马法学家在这一原因上投注了很多注意力，特别是对于实现赠与时的禁止。

第一次禁止是公元前204年的《琴其亚法》，该法禁止超过一定数额的赠与，但是没有对这种行为的无效性进行规定（根据 Tituli ex corpore Ulpiani，属于不完全法律）[1]。这一法律中所规定的禁止在后古代时期消失了，一些对它进行评注的相关文本因其他规定而被重新适用。

另外一次禁止就是我们所考察的这一章中的论述。它出现在公元 1 世纪之初，根据这一禁止，夫妻间通过移转物权、债权或弃权行为所实施的赠与无效，即使以抽象行为得以履行。其他与赠与混合的行为也包含在这一禁止和无效性中，即这样一种负担行为：一方有赠与的意图，而接受对方明显低于他所履行给付的客观价值的对价[2]。

夫妻间禁止赠与[3]：D. 24，1，1pr. ；D. 24，1，2；D. 24，1，3。

对哪些人扩大禁止：哪些赠与被认为是夫妻间赠与：

---

〔1〕 参见［古罗马］彼德罗·彭梵得：《罗马法教科书》，黄风译，中国政法大学出版社 2005 年版，第 181 页。

〔2〕 1942 年的《意大利民法典》第 781 条禁止配偶间在婚姻关系存续期间的赠与；宪法法院 1973 年 6 月 27 日第 91 号判决声明了整个条款的违宪性。

〔3〕 考虑到优士丁尼法学家们在片段中所使用的方式，跟在其他卷一样，提议一种不同的阅读顺序或有裨益。正如注释法学家们很早就开始使用的，他们将相隔甚远的片段关联到一起。如同几乎所有其他卷一样，我推荐波蒂埃所制定的顺序（Pandectae Iustinianeae in novum ordinem digestae，参见第四卷序言）。波蒂埃有时还引用正在排序的该章之外甚至是该卷之外的文本，并且有时候引用法典或者其他法学文献文本，比如说保罗（Paulisententia）或是乌尔比安作品的摘录（Tituli ex corpore Ulpiani）等。在其他的卷里面，我并没有引用外部片段；而在这卷，我提到了本卷之外的其他片段，但是仍然是在《学说汇纂》范围之内。现在该书已经翻译了很多卷，还有一些正在翻译中。另外，在本卷中，第 3 章和 D. 23，3 的交错不可避免地非常之多。这些对外部片段的引用也解释了为什么有时候某章的某一片段根据新的顺序并没有被提及：事实上，它在其他主题中被提到。

D. 24，1，66pr.；D. 24，1，66，1；D. 24，1，D. 24，1，27；D. 24，1，5pr.；D. 24，1，35；D. 23，4，27；D. 24，1，64。哪些夫妻包含在这种禁止中：D. 24，1，32，28；D. 24，1，32，27；D. 24，1，65；D. 39，5，31pr.。除夫妻外，哪些人之间禁止赠与：D. 24，1，3，6；D. 24，1，3，2；D. 24，1，3，5；D. 24，1，3，3；D. 24，1，3，4；D. 24，1，3，8；D. 24，1，38pr.；D. 24，1，38，1；D. 24，1，3，7；D. 24，1，60pr.。

哪些赠与包含在夫妻间被禁止的赠与中，哪些不：D. 24，1，13，2；D. 24，1，46；D. 23，3，73，1；D. 24，3，20；D. 23，3，85；D. 24，1，3，9；D. 24，1，7，6；D. 24，1，5，5；D. 24，1，31，3；D. 24，1，31，4；D. 24，1，31，5；D. 23，3，12pr.；D. 24，1，7，5；D. 24，1，5，6；D. 24，1，5，7；D. 24，1，44。哪些夫妻间的赠与不被禁止：夫妻间因死因做出的赠与：D. 24，1，9，2；D. 24，1，10；D. 39，6，43；D. 24，1，11pr.；D. 28，5，77（76）；D. 24，1，11，1；D. 39，6，40；D. 24，1，20；D. 24，1，52，1；D. 24，1，11，9；D. 24，1，11，3；D. 24，1，11，4；D. 24，1，11，5；D. 24，1，11，2；D. 24，1，11，6；D. 24，1，11，7。夫妻间因离异或者流放所作出的赠与，以及离异或者流放导致的死因赠与无效：D. 24，1，60，1；D. 24，1，61；D. 24，1，62pr.；D. 24，1，11，11；D. 24，1，12；D. 24，1，13pr.；D. 24，1，43；D. 24，1，11，10；D. 24，1，13，1。或不

使赠与者变穷，或不使受赠者增富的夫妻间赠与：D. 24，1，5，16；D. 24，1，25；D. 24，1，5，13；D. 24，1，5，14；D. 24，1，31，7；D. 24，1，5，8；D. 24，1，5，9；D. 24，1，5，10；D. 24，1，5，11；D. 24，1，5，12；D. 24，1，5，17；D. 24，1，7，9；D. 24，1，8；D. 24，1，9pr. ；D. 24，1，7，8；D. 24，1，9，1；D. 24，1，49；D. 24，1，14；D. 24，1，53，1；D. 24，1，18；D. 24，1，28，2；D. 24，1，31，1；D. 24，1，47；D. 42，8，18；D. 24，1，31，6。节日礼物以及因其他原因而产生的、不可分离的赠与：D. 24，1，31，8；D. 24，1，58，1；D. 24，1，31，10；D. 24，1，21；D. 24，1，15pr. ；D. 24，1，28，7；D. 23，4，26，3；D. 24，1，33，1；D. 24，1，58pr. ；D. 24，1，36，1；D. 24，1，67；D. 24，1，5，15。哪些赠与在岳父和女婿或者公公和媳妇、妻子和丈夫的儿子之间被禁止或者不被禁止：D. 24，1，26，1；D. 24，1，53；D. 24，1，34。

　　夫妻间赠与无效以及该"无效"的后果：配偶间关于转移所有权的赠与无效以及赠与者要求归还的权利：D. 24，1，3，10；D. 24，1，3，11；D. 24，1，3，12；D. 24，1，3，13；D. 24，1，4；D. 24，1，56；D. 24，1，36pr. ；D. 24，1，63；D. 24，1，45；D. 24，1，31，2；D. 24，1，28pr. ；D. 24，1，37；D. 24，1，29，1；D. 24，1，30；D. 24，1，31pr. 。夫妻间因赠与而作出的允诺或偿还债务收据无效：D. 24，1，3，10（从中间开始）；D. 24，

1，5，1；D. 24，1，5，3；D. 24，1，39；D. 24，1，5，4。受赠人变得更为富有，赠与者有权提起返还诉讼：D. 24，1，5，18；D. 24，1，6；D. 24，1，55；D. 24，3，66，1；D. 24，1，28，5；D. 24，1，7pr.；D. 24，1，7，3；D. 24，1，28，3；D. 24，1，7，4；D. 24，1，28，4；D. 24，1，29；D. 24，1，7，7；D. 24，1，50pr.；D. 24，1，50，1；D. 24，1，31，9；D. 24，1，7，1；D. 24，1，51；D. 24，1，58，2；D. 24，1，57。如果夫妻一方并没有因为赠与物而变得更为富有，应该抵销，以及在何种情况应该这么做：D. 24，1，7，2；D. 24，1，48。夫妻间赠与物的利息、孳息和原因：D. 24，1，15，1；D. 24，1，16；D. 24，1，17；D. 22，1，45；D. 24，1，19pr.；D. 24，1，17，1；D. 24，1，19，1。

夫妻间的赠与是否以及如何恢复效力：D. 24，1，32pr.；D. 24，1，32，2。根据安东尼卡拉卡拉的提议，元老院决议中包括哪些人：D. 24，1，32，16；D. 24，1，32，20。哪些赠与包含在此项元老院决议中：D. 24，1，32，22；D. 24，1，32，1；D. 24，1，32，23；D. 24，1，11，8；D. 24，1，59；D. 24，1，23；D. 24，1，33pr.；D. 24，1，33，2；D. 24，1，32，9；D. 24，1，32，24；D. 24，1，32，25；D. 24，1，32，26。根据安东尼卡拉卡拉的演说词，如何、在多大范围内、对哪些人恢复赠与的效力：D. 24，1，32，1。哪些原因中夫妻间赠与不因赠与者的死亡而生效：离婚：D. 24，1，62，1；D. 24，1，32，10；D. 24，1，32，

11；D. 24，1，32，12；D. 24，1，32，13；D. 24，1，32，19；
D. 24，1，32，20。受赠人的死亡：D. 24，1，32，18；D. 24，
1，32，6；D. 24，1，32，14。撤销：D. 24，1，32，4；
D. 24，1，22；D. 24，1，32，5；D. 24，1，32，15；D. 24，
1，32，3。其他不恢复效力的原因：D. 24，1，32，7；D. 24，
1，32，8；D. 24，1，32，6；D. 24，1，32，16；D. 24，1，
32，17；D. 24，1，32，21。

3. 如上所述，D. 24，2 探讨了婚姻解除的两种具体方
式——离婚和单方面地解除婚姻关系（婚姻也可以因夫妻
一方死亡而解除；或者因为夫妻一方的状态改变而解除，如
变成奴隶或者敌人的俘虏；或者丧失市民籍但是仍然是自由
人身份，解除市民法上的婚姻但是在万民法上仍保持婚姻关
系；还因为不可抗力而解除）。关于离婚之后儿女的委托，
在《法典》很简短的一章中有所论述（C. 5，25），单方面
的解除婚姻则出现在法典的另一章（C. 5，17）。

很可能在古老的年代并没有离婚：实际上，没有任何
历史文献提及。可以肯定的是，公元前 2 世纪开始出现离
婚。关于婚姻（参见第 23 卷的序言，它涉及第 2 章的内
容），我简要地提到过，我们理解罗马婚姻的方式也反映
出我们了解离婚的模式，对于后者而言，有时候只需要不
再具有作为丈夫或者妻子的"继续的意图"，或者必须有
一种平行和相反于开始的合意的行为。

无论如何，如果结婚时妇女归顺丈夫的家庭或者丈夫
是自权人时归顺夫权，离婚并不使其丧失家父权。盖尤斯

在《法学阶梯》中（Gai. 1, 137）提到，执法官规定丈夫在离婚之后要将前妻从夫权（manus）中解放出来。

随后，单方面地解除婚姻关系被一则法律所证实，历史学家普鲁塔克认为该法律出自罗慕洛。根据该法律，在向子女投毒、通奸和酗酒的情况下，丈夫不仅仅可以单方面地解除婚姻关系，还可以杀死妻子；如果丈夫单方面地解除婚姻关系而不能证明这些原因中的一个，他将被判处祭祀上的刑罚，因此他的一部分财产将属于妻子，另一部分财产将被用来献祭给克瑞斯，即地母神和丰穰神。这一制度后来被全面超越，但是保留了单方面地解除婚姻关系——大多数情况下是一种男人的单方行为——的可能性。在后古时期发展出一些更加严格的形式，比如说书面形式的通知，以及一系列对于除法律规定之外的情形下单方面地解除婚姻关系的夫妻一方处以的人身、财产或者刑事惩罚。我们在 D. 50, 16, 191 中可以发现两种行为之间的差异："离婚与单方面地解除婚姻关系存在差异：单方面地解除婚姻关系也可以针对未来的婚姻（也就是只存在婚约的情况），因此不能说未婚妻离婚了，而离婚是针对分道扬镳的离婚的双方而言的。"

什么是离婚：D. 24, 2, 1；D. 49, 15, 12, 4。谁可以离婚或者谁可以单方面地解除婚姻关系：D. 24, 2, 2pr.。离婚的形式：D. 48, 5, 16, 6；D. 24, 2, 9；D. 24, 2, 1, 1；D. 24, 2, 3；D. 24, 2, 7；D. 24, 2, 2, 3；D. 24, 2, 4；D. 24, 3, 22, 7；D. 24, 3, 22, 8；D. 24,

3，22，9。离婚在什么情况下以及如何被判罚：D. 48，5，12（11），13；D. 24，3，39；D. 24，3，47；D. 24，3，38；D. 23，3，69pr. ；D. 48，5，12（11），3。

4.《学说汇纂》第24卷第3章的章名与《法典》第5章第18节相对应，该章名可能来自于永久告示中的嫁资财产之诉。就此，J. 4，6，29中指出，优士丁尼通过专门的谕令（C. 5，13）以要式口约之诉取代了嫁资财产之诉。即使没有缔结任何要式口约，对于其他赋予妇女的、以丈夫的全部财产来保障返还嫁资的债权的抵押而言，也可以因诚信而使默示抵押产生效力。[1]与此同时，还存在请求返还之诉，因为，正如优士丁尼在前一年的谕令（C. 5，12，30，1）中说到的，妇女在婚姻期间已经取得嫁资的"自然所有权"。这一保护妇女的特别关注，并不在于消灭对丈夫的能力限度照顾（beneficium competentiae）。

关于嫁资的返还，还应该区分婚姻是因为妻子的死亡，还是因为丈夫的死亡，或是因为离婚而解除。婚姻存续期间妻子死亡的情况下应当返还嫁资：D. 23，3，6pr. ；D. 23，3，79pr. ；D. 37，7，6；D. 24，3，10，1。因离婚或者丈夫的死亡而解除婚姻的情况下返还嫁资应该遵循什么：D. 24，3，35；D. 24，3，30pr. 。妻子成为自权人时谁拥有请求返还嫁资的权利：D. 24，3，2pr. ；D. 24，3，42pr. ；D. 24，3，

---

[1]　参见［古罗马］彼德罗·彭梵得：《罗马法教科书》，黄风译，中国政法大学出版社2005年版，第68页。M. Varvaro, *Studi sulla restituzione della dote*, I, *La formula dell'acio rei uxoriae*, Torino, 2006.

66，2；D. 24，3，31，2；D. 24，3，59；D. 24，2，5。以及当她是家女时：D. 24，3，2，1；D. 24，3，3；D. 24，3，22，1；D. 24，3，22，4；D. 46，3，65；D. 24，3，22，10；D. 24，3，22，11；D. 23，3，24；D. 24，3，34；D. 24，3，22，5；D. 24，3，2，2；D. 24，3，22，6；D. 46，3，34，6；D. 24，3，4；D. 24，3，22，3；D. 24，3，37。因夫妻一方被奴而解除婚姻的情况下嫁资返还的发生：D. 24，3，10。在什么期间内应该返还嫁资：D. 24，3，24，3；D. 24，3，24，2；D. 24，3，60；D. 24，3，24pr.。

嫁资返还的诉讼：对哪些人提起嫁资返还的诉讼：D. 24，3，22，12；D. 23，3，73pr.；D. 24，3，22，12；D. 24，3，24，1；D. 24，3，31，3；D. 24，3，53；D. 24，3，25pr.；D. 24，3，31pr.；D. 24，3，44pr.。

在公公或者岳父收到嫁资的情况下，哪些物品包含在嫁资返还诉讼中：是否为可替换物：D. 23，3，42。在给付的时候是否估值：返还物本身：D. 24，3，11；D. 24，3，25，2；D. 24，3，26；D. 23，3，17pr.；D. 24，3，66pr.；D. 23，3，72，1；D. 24，3，24，5；D. 24，3，25，1；D. 24，3，9。丈夫或者公公以取得物代替没有估值的物，或者是在没有过错而失去了占有的物的情况下的返还：D. 23，3，78，4；D. 23，3，32。返还所有产生于嫁资物的附属物：D. 23，3，10，1；D. 23，3，4；D. 23，5，18；D. 23，3，47；D. 23，3，65；D. 23，3，10，2；D. 23，3，69，9；D. 23，3，78，4；D. 24，3，67：D. 23，3，7，

1；D. 23，3，7pr.；D. 23，3，10，3；D. 17，1，60，3；D. 24，3，5；D. 24，3，6；D. 24，3，7，1；D. 24，3，7，2；D. 24，3，7，3；D. 24，3，7，4；D. 24，3，7，9；D. 24，3，7，10；D. 24，3，7，11；D. 24，3，7，6；D. 24，3，7，7；D. 24，3，7，8；D. 24，3，7pr.；D. 24，3，7，16；D. 24，3，8，1；D. 24，3，7，15；D. 23，5，18，1；D. 24，3，7，12；D. 24，3，7，13；D. 23，5，18pr.；D. 24，3，8；D. 24，3，7，14；D. 23，3，69，1。就这些物应该作出的保证金：D. 24，3，25，1；D. 24，3，25，4；D. 24，3，55；D. 24，3，25，3。设立的嫁资用益物权的返还：D. 23，3，66；D. 23，3，78，3；D. 24，3，57；D. 23，3，7，2。丈夫或者公公收到已经估值的物品的情况下，婚姻解除之后，哪些物品包含在返还范围内：D. 24，3，51；D. 23，3，69，8；D. 23，3，10pr.；D. 24，3，49，1；D. 23，3，16；D. 23，3，52；D. 23，3，6，2；D. 23，3，12，1；D. 24，3，50；D. 24，3，66，3；D. 23，3，18。什么时候应该认为丈夫或者公公已经收到嫁资：D. 23，3，19；D. 23，3，59pr.；D. 23，3，49；D. 24，3，66，6；D. 23，3，35；D. 23，3，71；D. 23，3，41，3；D. 23，3，53；D. 24，3，33；D. 24，3，41。

婚姻解除之后，丈夫承认自己因为嫁资收到了他并没有收到的东西的情况下，嫁资诉讼包含哪些物品：D. 24，3，66，4；D. 24，3，52。或者在没有被支付所被允诺之物的情况下：D. 24，3，30，1；D. 23，3，41，4；D. 24，3，

66，7；D.24，3，31，1；D.23，3，14；D.23，3，33；
D.24，3，49；D.23，3，56pr.。或者丈夫在嫁资中收到了
债务的免除的情况下：D.23，3，43，2；D.23，3，12，2。

　　嫁资诉讼中可以发生哪些扣留：D.24，3，15，1；
D.24，3，7，5。在什么范围内丈夫及其岳父应该返还嫁
资（能力限度照顾）：D.24，3，12（第一阶段）；D.24，
3，15，2；D.24，3，16；D.24，3，15pr.；D.24，3，28；
D.24，3，18，1；D.24，3，54；D.24，3，43；D.24，3，
14，1；D.24，3，17，2；D.24，3，27；D.24，3，36；
D.24，3，12；D.24，3，13；D.24，3，18；D.24，3，14。

　　嫁资诉讼的特权：D.24，3，1。

　　属于嫁资返还的诉讼什么时候消灭：嫁资给付以及婚
姻完善：D.24，3，31，4；D.24，3，22，2；D.24，3，
19；D.23，3，13；D.23，3，69，2；D.24，3，42，3。关
于遗赠的接受、妻子的死亡以及嫁资的没收：D.24，3，
46；D.24，3，24，7。

　　所谓的不合理嫁资返还：D.24，3，42，1；D.24，3，
23；D.24，3，22，13；D.23，3，54；D.23，3，74；
D.42，5，17，1；D.47，5，18；D.47，5，19pr.；D.27，
6，11，4。

　　根据《尤利亚和帕比亚法》，关于丈夫根据庇主权对
他所解放的嫁资奴隶所取得的物品，其返还诉讼由妻子提
起：D.24，3，61；D.24，3，62；D.24，3，63；D.24，3，
64pr.；D.24，3，24，4；D.24，3，64，1；D.24，3，64，

3；D. 24，3，64，2；D. 24，3，64，4；D. 24，3，64，5；D. 24，3；D. 24，3，64，6；D. 24，3，64，10；D. 24，3，64，7；D. 24，3，64，8；D. 24，3，65；D. 24，3，64，9。

5. 最后我很感激地指出，本卷中译本由中南财经政法大学黄美玲副教授完成，腊兰博士进行了校对。黄美玲博士来自湖南大学，在罗马第二大学学习并于 2013 年以论文《单方允诺的历史渊源及其现代出路》获得了博士学位，随后入职中南财经政法大学。今年，她回到罗马，并在罗马第一大学法学系、"罗马法体系下中国法典化与法学人才培养研究中心"完成了本卷的翻译工作。

本卷的翻译是在"罗马法体系下中国法典化与法学人才培养研究中心"的研究计划中进行和出版的，罗马第一大学、罗马第二大学、意大利国家科研委员会人类与社会科学部、中国政法大学参加了该项计划。这卷翻译是我们已经开始的《学说汇纂》拉丁语翻译计划的一部分，我们已经出版了许多卷。此书的出版得到了"罗马法体系下中国法典化与法学人才培养研究中心"的资助。

桑德罗·斯奇巴尼
罗马第一大学罗马法教授
2015 年 10 月 25 日于罗马

# 凡　例

　　一、本书采用拉丁文与中文对照形式编排，拉丁文在左，中文居右。书中的拉丁文原文来源于意大利罗马第一大学桑德罗·斯奇巴尼教授主编的 *Iustiniani Augusti Digesta Seu Pandectae*（Milano Dott. A. Giuffr EDITORE – 2007）一书。

　　二、拉丁文原文下方脚注中的"Mo. – Kr."是指"*Corpus Iuris Civilis*, *Volumen Primum*, …*Digesta*, *ricognovit Theodorus Mommsen*, *Retractavit Paulus Krueger* [*editio stereotypa duodecima*, 1911], rist. Hildesheim, 2000"一书。

　　三、为了中文读者阅读及引用方便，译者将拉丁文片段用"D""pr."和阿拉伯数字进行了重新标示，如"D. 24，1，3pr.""D. 24，1，1"等。

　　四、优士丁尼《学说汇纂》的原始文献中并无标点。此书拉丁文中的标点皆为法史鸿儒蒙森所加。为了照顾中文的表达习惯，译文中的标点与拉丁文中的标点不尽对应。

　　五、部分片段结尾处用的是逗号、冒号或分号等不是表示句子完结的标点，甚至可能没有任何标点，乃是因为它们与下一片段关系密切，共同构成一个完整的论述。

六、译文中"（　）"里的内容，要么是对拉丁文原文固有内容的翻译，要么是为了便于读者理解，有必要放于其中的拉丁文专有名词，如"消费借贷（mutuum）"。

七、译文中"【　】"里的内容，是译者为了文义的明确或者文气的贯通而做的"添加"。

八、文中人名、地名原则上按照拉丁文音译，除非已有通常译法，不宜另起炉灶，如"乌尔比安""保罗""罗马"等。法律术语之翻译，则多从斯学先达，未敢擅自发明。

译　者
2015 年 12 月 12 日

# 目　录

# Index

# 优士丁尼学说汇纂

## 第二十四卷

### 夫妻间财产关系

## IUSTINIANI AUGUSTI DIGESTA
## SEU PANDECTAE

### LIBER XXIV

### DE NUPTIALIBUS REBUS

# I   De donationibus inter virum et uxorem

### D. 24, 1, 1 *Ulpianus libro trigesimo secundo ad Sabinum*

Moribus apud nos receptum est, ne inter virum et uxorem donationes valerent. hoc autem receptum est, ne mutuo amore invicem spoliarentur donationibus non temperantes, sed profusa erga se facilitate.

### D. 24, 1, 2 *Paulus libro septimo ad Sabinum*

ne cesset eis studium liberos potius educendi. Sextus Caecilius et illam causam adiciebat, quia saepe futurum esset, ut discuterentur matrimonia, si non donaret is qui posset, atque ea ratione eventurum, ut venalicia essent matrimonia.

### D. 24, 1, 3pr. *Ulpianus libro trigesimo secundo ad Sabinum*

Haec ratio et oratione imperatoris nostri Antonini Augusti electa est: nam ita ait: 'Maiores nostri inter virum et uxorem donationes prohibuerunt, amorem honestum solis animis aestimantes,

# 第一章 夫妻间赠与

### D. 24，1，1 乌尔比安：《论萨宾》第 32 卷

根据习惯，我们认为夫妻之间的赠与无效。这样是为了使他们不会因为相爱，由于相互过度的赠与或过度的慷慨而丧失（财产）。

### D. 24，1，2 保罗：《论萨宾》第 7 卷

而且也不免除他们教育子女的义务。塞图斯·切奇流斯增加了另外一个理由，即经常会发生这样一种情况：如果一个人有能力而未进行赠与，则其婚姻会受到质疑，因此可能会导致婚姻以出售为目的。

### D. 24，1，3pr. 乌尔比安：《论萨宾》第 32 卷

这一理由也出现在我们的皇帝安东尼奥（卡拉卡拉）的诏书中。他声称："我们的祖先禁止夫妻间赠与，因为他们认为忠贞的爱情只存在于灵魂中，同时也照顾到配偶的声誉，为了使（人们）不会觉得和睦是因为金钱而产生，也为了使

famae etiam coniunctorum consulentes, ne concordia pretio concil-
iari viderentur neve melior in paupertatem incideret, deterior ditior
fieret'.

## D. 24, 1, 3, 1

Videamus, inter quos sunt prohibitae donationes. et quidem si
matrimonium moribus legibusque nostris constat, donatio non valebit. sed si aliquod impedimentum interveniat, ne sit omnino matrimonium, donatio valebit: ergo si senatoris filia libertino contra
senatus consultum nupserit, vel provincialis mulier ei, qui provin-
ciam regit vel qui ibi meret, contra mandata, valebit donatio, quia
nuptiae non sunt. sed fas non est eas donationes ratas esse, ne melior sit condicio eorum, qui delinquerunt. divus tamen Severus in
liberta Pontii Paulini senatoris contra statuit, quia non erat affec-
tione uxoris habita, sed magis concubinae.

## D. 24, 1, 3, 2

Qui in eiusdem potestate sunt, prohibentur sibi donare, ut
puta frater mariti, qui est in soceri potestate.

## D. 24, 1, 3, 3

Verbum potestatis non solum ad liberos trahimus, verum etiam ad servos: nam magis est, ut hi quoque, qui aliquo iure subi-
ecti sunt marito, donare non possint.

（两者中）较好的一方不会陷入贫困，而更糟的一方不会变得更加富有。"

### D. 24，1，3，1

我们来看看哪些人之间禁止赠与，当然，根据我们的法律和我们的习惯，如果结婚，则赠与无效。但是如果发生（结婚）障碍使婚姻完全不存在，则赠与是有效的；因此，如果某元老的女儿与一个解放自由人违反元老院决议结婚，或者某省的一名女子与该省的行政长官或是担任某（其他）职务的人违反皇帝的命令而结婚，那么赠与是有效的，因为那不是婚姻。但是认为这些赠与有效是不公平的，不能使这些违反法律的人的境况更好。神君（塞提姆）·塞维劳对彭蒂·保利尼元老的女解放自由人作出了相反的决定，因为她并不是作为妻子一样受喜爱地对待而是作为姘妇。

### D. 24，1，3，2

处于同一家父权之下（配偶一方处于在其权力之下）的人禁止接受（配偶另一方的）赠与，例如：丈夫的兄弟，他处于（妇女的）公公（对其丈夫拥有支配权）的支配权之下禁止从妇女那儿接受赠与。

### D. 24，1，3，3

"支配权"这一术语并不仅仅涉及后辈，也涉及奴隶：更好的观点是处于丈夫支配权之下的人不能根据任何法律进行赠与。

## D. 24, 1, 3, 4

Secundum haec si mater filio, qui in patris potestate esset, donet, nullius momenti erit donatio, quia patri quaeritur: sed si in castra eunti filio dedit, videtur valere, quia filio quaeritur et est castrensis peculii. quare et si filius vel privignus vel quivis alius potestati mariti subiectus de castrensi suo peculio donavit, non erit irrita donatio.

## D. 24, 1, 3, 5

Prohibetur igitur et uxori et nurui donare etiam is, qui est in soceri potestate, si modo maritus sit in patris potestate.

## D. 24, 1, 3, 6

Ab uxoris nurusve parte prohibitum est donari viro vel genero. sed et his, qui sunt in eorum potestate si fuerit donatum, vel in quorum sunt potestate, non valebit donatio, si modo vir et socer in eiusdem sunt potestate vel vir in soceri: ceterum si in alia familia est maritus, neque socero neque ei qui est in eius potestate neque ei in cuius est donatione interdictum est.

## D. 24, 1, 3, 7

Socrui a nuru vel contra donari non est prohibitum, quia hic ius potestatis non vertitur.

D. 24，1，3，4

据此规定，如果母亲对处于家父权之下的儿子进行赠与，赠与没有任何效力，因为父亲取得（该赠与物）；但是，如果给即将参军的儿子（某物），则认为有效，因为（该物）被儿子取得并成为军营特有产的一部分。因此，同样在儿子或者继子或者处于丈夫支配权之下的其他人从其军营特有产中进行赠与，则赠与无效。

D. 24，1，3，5

因此，如果丈夫还处于家父权之下，则禁止对处于（妇女的）公公的支配权之下的妻子以及媳妇进行赠与。

D. 24，1，3，6

禁止妻子对丈夫或者媳妇对女婿进行赠与。然而，即使赠与给处于他们支配权之下的人，或者赠与给对他们拥有支配权的人，赠与也是无效的，只要丈夫和女婿（与她们）处于同一人的支配权之下，或者丈夫处于公公的支配权之下。相反，如果丈夫处于另一个家庭中，则不禁止（妻子或是媳妇）赠与给公公，或者是处于其父权之下的人，或者是拥有其父权者。

D. 24，1，3，7

婆媳之间的赠与并不禁止，因为在这种情况下不存在支配权。

## D. 24, 1, 3, 8

Si servus meus, cuius usus fructus alienus est, donet uxori meae ex eo peculio, quod ad me non pertinebat, vel homo liber bona fide mihi serviens, an valeat donatio, quaeritur. et in libera quidem persona utcumque admitti potest donatio: ceterae enim personae alienationem peculii ut donent non habent.

## D. 24, 1, 3, 9

Non tantum autem per se maritus et uxor ceteraeque personae dare non possunt sed nec per interpositam personam.

## D. 24, 1, 3, 10

Sciendum autem est ita interdictam inter virum et uxorem donationem, ut ipso iure nihil valeat quod actum est: proinde si corpus sit quod donatur, nec traditio quicquam valet, et si stipulanti promissum sit vel accepto latum, nihil valet: ipso enim iure quae inter virum et uxorem donationis causa geruntur, nullius momenti sunt.

## D. 24, 1, 3, 11

Si quis igitur nummos uxori dederit, non fieri eius apparet, quia nihil corporis eius fieri palam est.

**D. 24，1，3，8**

如果我的奴隶但他人对其享有用益权，或者是一名自由人但像我的奴隶一样诚信地为我工作，以不归我所有的特有产向我的妻子进行赠与，那么该赠与是否有效。当然，在自由人的情况下，无论如何都允许赠与：事实上，其他人没有通过赠与让渡特有产的权利。

**D. 24，1，3，9**

不仅仅是丈夫、妻子以及与（上述）其他人不能（以赠与为目的）进行给予，也不能通过第三人进行。

**D. 24，1，3，10**

还应该知道，禁止夫妻间赠与是为了使所有实际缔结的（协议）在法律上都不产生任何效力。因此，如果赠与的是一个有体物，那么即使（有转让效果的）交付也是无效的；如果以要式口约的形式向已经提出相应程式问题的人作出了允诺，或者是已经作出了庄重的债务免除允诺，这些行为完全无效：夫妻间因赠与而实施的行为在法律上不具有任何效力。

**D. 24，1，3，11**

因此，如果某人向妻子赠与了一些钱币，显然这些钱币不能成为她的，因为很明显没有任何有体物可以变为妻子所有。

## D. 24, 1, 3, 12

Sed si debitorem suum ei solvere iusserit, hic quaeritur, an nummi fiant eius debitorque liberetur. et Celsus libro quinto decimo digestorum scribit videndum esse, ne dici possit et debitorem liberatum et nummos factos mariti, non uxoris: nam et si donatio iure civili non impediretur, eum rei gestae ordinem futurum, ut pecunia ad te a debitore tuo, deinde a te ad mulierem perveniret: nam celeritate coniungendarum inter se actionum unam actionem occultari, ceterum debitorem creditori dare, creditorem uxori. nec novum aut mirum esse, quod per alium accipias, te accipere: nam et si is, qui creditoris tui se procuratorem esse simulaverit, a debitore tuo iubente te pecuniam acceperit, et furti actionem te habere constat et ipsam pecuniam tuam esse.

## D. 24, 1, 3, 13

Huic sententiae consequens est, quod Iulianus scripsit: ait enim Iulianus, si donaturum mihi iussero uxori meae dare[1] nullius esse momenti, perinde enim habendum, atque si ego acceptam et rem meam factam Iulianus nullius esse momenti uxori meae dedissem: quae sententia vera est.

---

[1]  < scripsit: ait enim Iulianus, si donaturum mihi iussero uxori meae dare > , vd. Mo – Kr. , nt. 13.

### D. 24，1，3，12

但是，如果丈夫让债务人付款给她，问这些钱币是否变为她的以及债务人是否已经清偿（债务）。杰尔苏在其《学说汇纂》第 15 卷中写道：应该看是否可以说债务人已经清偿且钱币变为丈夫的而不是其妻子的（即如果变为丈夫的则已经清偿，如果变为妻子的则没有清偿——译者注）。实际上，即使市民法不禁止赠与，其履行结果也会是钱币从你债务人那到达你的手中，然后你给你的妻子：由于他们之间行为相互关联的迅速性而其中一个隐藏起来了，而（实际上是）债务人交给债权人然后债权人交给妻子。通过其他人收到你所应该收到的（物）也不是什么新鲜事或是奇怪事。如果某人假扮为你债权人的代理人，并且根据你的命令从你的债务人那收到了钱币，你当然可以提起盗窃之诉，而且那些钱是你的。

### D. 24，1，3，13

该观点的结果是，尤里安写道：在某人想向我进行赠与、我让他交付给我妻子的情况下，尤里安声称，该行为没有任何效力，因为应该认为就好比是我自己接受了某物并成了我的财产，然后给了我的妻子。这个观点是正确的。

## D. 24, 1, 4 *Iulianus libro septimo decimo digestorum*

Idemque est et si mortis causa traditurum mihi iusserim uxori tradere, nec referre, convaluerit donator an mortuus sit. neque existimandum est, si dixerimus valere donationem, non fieri me pauperiorem, quia sive convaluerit donator, condictione tenebor, sive mortuus fuerit, rem, quam habiturus eram, in bonis meis desinam propter donationem habere.

## D. 24, 1, 5pr. *Ulpianus libro trigesimo secundo ad Sabinum*

Si sponsus sponsae donaturus tradiderit Titio, ut is sponsae daret, deinde Titius tradiderit post nuptias secutas: si quidem eum interposuerit maritus, donationem non valere, quae post contractas nuptias perficiatur: si vero mulier eum interposuerit, iamdudum perfectam donationem, hoc est ante nuptias, atque ideo quamvis contractis nuptiis Titius tradiderit, donationem valere.

## D. 24, 1, 5, 1

Si maritus duos reos habeat Titium et mulierem et mulieri accepto tulerit donationis causa, neuter liberatur, quia acceptilatio non valet: et haec Iulianus libro septimo decimo digestorum scribit. plane si mihi proponas Titio accepto latum, ipse quidem liberabitur, mulier vero manebit obligata.

### D. 24，1，4 尤里安：《学说汇纂》第 17 卷

在某人临死之前准备交给我（某物作为赠与）、我让其交给我的妻子的情况下，也适用这一原则，赠与者康复或者死亡并不重要。如果我们说该赠与有效，也不能认为我没有变的更穷：如果赠与者康复了，我将被他提起请求返还之诉；如果他死亡了，因为赠与（给了我的妻子），我将不会拥有某件即将归入我财产的物品。

### D. 24，1，5pr. 乌尔比安：《论萨宾》第 32 卷

如果未婚夫为了对未婚妻进行赠与，而（把赠与物以移转的方式）交给提茨奥让他转交给未婚妻，但是提茨奥在他们婚姻举行完毕后才进行交付，在丈夫使提茨奥作为居间人的情况下，赠与无效，因为（赠与行为）在婚礼举行后才完成；但是如果是妻子让提茨奥作为居间人，赠与则在婚礼举行之前已经完成，因此即使提茨奥在婚礼举行后才进行交付，赠与也是有效的。

### D. 24，1，5，1

在下面这种情况中：丈夫有两个（连带）债务人，即提茨奥及其妻子，并且因赠与而对其妻子作出庄重的债务免除，两者中没有任何一人得以解除（债务），因为免除无效，尤里安在其《学说汇纂》第 17 卷中这样写道。显然，如果你提出（假设）这一庄重的免除是向提茨奥作出的，那么他得以解除（债务），但是他妻子仍须承担债务。

## D. 24, 1, 5, 2

Generaliter tenendum est, quod inter ipsos aut qui ad eos pertinent aut per interpositas personas donationis causa agatur, non valere: quod si aliarum extrinsecus rerum personarumve causa commixta sit, si separari non potest, nec donationem impediri, si separari possit, cetera valere, id quod donatum sit non valere.

## D. 24, 1, 5, 3

Si debitor viri pecuniam iussu mariti uxori promiserit, nihil agitur.

## D. 24, 1, 5, 4

Si uxor viri creditori donationis causa promiserit et fideiussorem dederit, neque virum liberari neque mulierem obligari vel fideiussorem eius Iulianus ait, perindeque haberi ac si nihil promisisset.

## D. 24, 1, 5, 5

Circa venditionem quoque Iulianus quidem minoris factam venditionem nullius esse momenti ait: Neratius autem (cuius opinionem Pomponius non improbat) venditionem donationis causa inter virum et uxorem factam nullius esse momenti, si modo, cum animum maritus vendendi non haberet, idcirco venditionem commentus sit, ut donaret: enimvero si, cum animum vendendi haberet,

**D. 24, 1, 5, 2**

一般来说，应该认为在他们之间，或者是属于他们的人之间，或者通过居间人因赠与而实施的行为无效。但是，如果（该）原因和与之无关的其他物或其他人的原因交织在一起，而无法与（因非赠与原因而产生的结果）分离，则赠与并非无效；相反，如果可以分离，赠与的部分无效，剩余的部分有效。

**D. 24, 1, 5, 3**

如果丈夫的债务人根据他的命令向其妻子允诺（所欠的）金钱，（就该允诺）什么也没有缔结。

**D. 24, 1, 5, 4**

如果妻子因赠与通过要式口约向丈夫的债权人作出（履行债务的）允诺并提供担保人，尤里安认为其丈夫并没有得以摆脱（债务），该妻子以及担保人也并不受到约束，应该认为就好像（妻子）没有作出任何允诺一样。

**D. 24, 1, 5, 5**

同样地关于买卖，尤里安认为价格过低的买卖对任何人都没有任何效力。内拉蒂（彭波尼并不赞成他的观点）（认为）夫妻间因赠与而产生的买卖没有任何效力，仅仅指在丈夫并没有出卖的意图而减少了部分价格的情况下，（但是如果他有出卖的意图）买卖是有效的，但是在妻子获利的范围

ex pretio ei remisit, venditionem quidem valere, remissionem autem hactenus non valere, quatenus facta est locupletior: itaque si
res quindecim venit quinque, nunc autem sit decem, quinque tantum praestanda sunt, quia in hoc locupletior videtur facta.

## D. 24, 1, 5, 6

Si donationis causa vir vel uxor servitute non utatur, puto am-
itti servitutem, verum post divortium condici posse.

## D. 24, 1, 5, 7

Si uxor vel maritus exceptione quadam donationis causa sum-
moveri voluerint, facta a iudice absolutione valebit quidem sententia, sed condicetur ei, cui donatum est.

## D. 24, 1, 5, 8

Concessa donatio est sepulturae causa: nam sepulturae causa
locum marito ab uxore vel contra posse donari constat et si quidem
intulerit, faciet locum religiosum. hoc autem ex eo venit, quod
definiri solet eam demum donationem impediri solere, quae et
donantem pauperiorem et accipientem faciet locupletiorem: porro
hic non videtur fieri locupletior in ea re quam religioni dicavit. nec
movit quemquam, quod emeret, nisi a marito accepisset: nam etsi
pauperior ea fieret, nisi maritus dedisset, non tamen idcirco fit locupletior, quod non expendit.

内所减免的部分无效。因此，如果某物价值 15 金币而以 5 金币卖出，而现在价值 10 金币，那么也只需要支付 5 金币，因为只有这一部分被认为是（妻子）获利了。

## D. 24，1，5，6

如果丈夫或妻子因为赠与而没有使用地役权，我认为（他或她）丧失了地役权，但是离婚之后可以提起请求返还之诉。

## D. 24，1，5，7

如果因赠与，妻子或者丈夫愿意（他们其中一方对另一方的诉讼）被某一抗辩提出异议，当法官作出判决时判决生效，但是可以对被赠与人提起请求返还之诉。

## D. 24，1，5，8

允许墓地赠与：当然，妻子可以给丈夫赠送墓地，反之亦然，（因为）如果埋葬了（亡者），这个地方则变为安魂地。这源于：即通常规定（禁止配偶间赠与）阻止使赠与者更加贫穷而受赠者更加富裕的赠与；这里应当认为受赠者没有由于对亡者宗教祭礼的进献之物变得更加富裕。而且这种情况不让人觉得奇怪，即如果不是从丈夫那里获得，则自己就购买了：事实上，虽然如果丈夫没有赠与给她，她将变得更贫穷，但是（赠与后）也不会因为没有花费而变得更富裕。

## D. 24, 1, 5, 9

Haec res et illud suadet, si uxori maritus sepulturae causa donaverit, ita demum locum fieri intellegi mulieris, cum corpus humatur: ceterum antequam fiet religiosus, donantis manet. proinde si distraxerit mulier, manet locus donatoris.

## D. 24, 1, 5, 10

Secundum haec si uxori suae monumentum purum maritus magni pretii donaverit, valebit donatio, sic tamen, ut, cum fit religiosus, valeat.

## D. 24, 1, 5, 11

Sed et si ipsa fuerit illo illata, licet morte eius finitum est matrimonium, favorabiliter tamen dicetur locum religiosum fieri.

## D. 24, 1, 5, 12

Proinde et si maritus ad oblationem dei uxori donavit, vel locum, in quo opus publicum quod promiserat facere, velut aedem publicam, dedicaret, fiet locus sacer. sed et si quid ei det, ut donum deo detur vel consecretur, dubium non est, quin debeat valere: quare et si oleum pro ea in aede sacra posuerit, valet donatio.

## D. 24, 1, 5, 13

Si maritus heres institutus repudiet hereditatem donationis causa, Iulianus scripsit libro septimo decimo digestorum donationem

### D. 24，1，5，9

这件事情还从另一方面使我们信服，即如果丈夫向妻子赠与（一块墓地）用于埋葬，（该）地方仅在其尸体下葬后变为妻子的。否则，在变为安魂地（即安葬地）之前仍然属于赠与者；因此，如果妻子将它卖掉了，这个地方仍然是赠与者的。

### D. 24，1，5，10

据上所述，如果丈夫向妻子赠与了一座价值不菲且从未使用过的坟墓，赠与有效，但是仅在这个地方变为安魂地的时候生效。

### D. 24，1，5，11

但是，如果妻子本人被埋葬于此，且由于她的死亡而导致婚姻解除，通过有利解释应该认为这个地方变为安魂地。

### D. 24，1，5，12

申而言之，即使丈夫向妻子赠与了（某物）作为给上帝的进献之物，或者赠与了一块她承诺修建公共工程的地，比如说修建一座公众庙堂，该地方将变为神圣的。但是，即使给她某物是为了将之进献给上帝或者献祭，毫无疑问该赠与应该是有效的；因此，即使向她提供了庙里的油，赠与也是有效的。

### D. 24，1，5，13

如果丈夫作为被指定的继承人因为赠与而拒绝遗产，尤里安在《学说汇纂》第17卷中写道，赠与有效：没有获得

valere: neque enim pauperior fit, qui non adquirat, sed qui de patrimonio suo deposuit. repudiatio autem mariti mulieri prodest, si vel substituta sit mulier vel etiam ab intestato heres futura.

## D. 24, 1, 5, 14

Simili modo et si legatum repudiet, placet nobis valere donationem, si mulier substituta sit in legato vel etiam si proponas eam heredem institutam.

## D. 24, 1, 5, 15

Si quis rogatus sit praecepta certa quantitate uxori suae hereditatem restituere et is sine deductione restituerit, Celsus libro decimo digestorum scripsit magis pleniore officio fidei praestandae functum maritum quam donasse videri: et rectam rationem huic sententiae Celsus adiecit, quod plerique magis fidem exsolvunt in hunc casum quam donant nec de suo putant proficisci, quod de alieno plenius restituunt voluntatem defuncti secuti: nec immerito saepe credimus aliquid defunctum voluisse et tamen non rogasse. quae sententia habet rationem magis in eo, qui non erat deducta quarta rogatus restituere et tamen integram fidem praestitit omisso senatus consulti commodo: hic enim vere fidem exsolvit voluntatem testatoris obsecutus. hoc ita, si non per errorem calculi fecit: ceterum indebiti fideicommissi esse repetitionem nulla dubitatio est.

（赠与）的人并没有变得更加贫穷，而是导致自己财产减少了的人（变得更加贫穷）。而如果妻子作为替代的（遗嘱继承人）或是无遗嘱继承人，那么丈夫拒绝遗产使妻子获益。

### D. 24，1，5，14

类似地，如果（丈夫）拒绝遗赠，我们认为赠与有效是正确的，如果妻子在遗赠中作为替代者或者你推测她会被指定为继承人的话。

### D. 24，1，5，15

如果某人（因为遗产信托）而被请求在提取一定数额之后将遗产给他的妻子，而他没有扣除就给付于她，杰尔苏在《学说汇纂》第 10 卷写到：与其说丈夫进行了赠与，不如说他完全履行了（信托）委托义务。杰尔苏就该观点补充了一条正确的理由：在此种情况下，更多人履行委托而不是赠与，他们并不愿意从自己的财产而是以愿意遵循已故之人的意愿完全从他人的财产中支出；而且我们通常认为亡者尽管没有要求但是想要某物也并非无理。该观点在下面这种情况下更加适用：某人并没有（由于遗产信托）被请求给付扣除四分之一之后的遗产（法尔其第法），而是完整地履行了委托中对他的托付，并且忽视了元老院决议的优势：他真正地遵守了委托并遵循了立遗嘱人的意愿。就是这样，除非他计算有误；另外，毫无疑问可以请求返还因为遗产信托而非债给付的钱款。

## D. 24, 1, 5, 16

Cum igitur nihil de bonis erogatur, recte dicitur valere donationem. ubicumque igitur non deminuit de facultatibus suis qui
donavit, valet, vel, etiamsi deminuat, locupletior tamen non fit
qui accepit, donatio valet.

## D. 24, 1, 5, 17

Marcellus libro septimo digestorum quaerit, si mulier acceptam a marito pecuniam in sportulas pro cognato suo ordini eroga-
verit, an donatio valeat? et ait valere nec videri locupletiorem mulierem factam, quamvis mutuam pecuniam esset acceptura et pro
adfine erogatura.

## D. 24, 1, 5, 18

In donationibus autem iure civili impeditis hactenus revocatur
donum ab eo ab eave cui donatum est, ut, si quidem exstet res,
vindicetur, si consumpta sit, condicatur hactenus, quatenus locupletior quis eorum factus est:

## D. 24, 1, 6 *Gaius libro undecimo ad edictum provin-*
*ciale*

quia quod ex non concessa donatione retinetur, id aut sine
causa aut ex iniusta causa retineri intellegitur: ex quibus causis
condictio nasci solet.

## D. 24，1，5，16

因此在没有减少自己的财产来进行赠与的情况下，应该合理地认为赠与是有效的。因此，只要赠与人自己的财产没有减少，（赠与）就是有效的；或者即使他的财产减少了，但是受赠人并没有获利，赠与也是有效的。

## D. 24，1，5，17

马尔切诺在《学说汇纂》第7卷中提出了这一问题：当妻子用从丈夫那里得到的钱为她的亲戚向百人队队长进行捐赠，赠与是否有效。他认为是有效的，应该认为妻子并没有获利，即使妻子借钱并为亲戚所花费也是如此。

## D. 24，1，5，18

此外，在市民法中所禁止的赠与中，可以从受赠人处撤回赠与物，即如果该物品还存在，可以要求归还；如果已经消耗，则可以在其获利范围内请求返还。

## D. 24，1，6 盖尤斯：《行省敕令》第11卷

法律所不允许的赠与的扣除是指无原因或者因不当原因而作出的扣除：由这些原因通常产生请求返还之诉。

## D. 24 , 1 , 7pr. *Ulpianus libro trigesimo primo ad Sabinum*

Quod autem spectetur tempus, an locupletiores sint facti, utrum tempus litis contestatae an rei iudicatae? et verum est litis contestatae tempus spectari oportere idque imperator noster cum patre rescripsit.

## D. 24 , 1 , 7 , 1

Si maritus pecuniam uxori in unguenta dederit eaque eam pecuniam creditori suo solverit, mox ea de sua pecunia unguenta emerit, non videri locupletiorem factam Marcellus libro septimo digestorum scribit. idemque et si lancem ob eandem causam ei dederit eaque lancem retinuerit, de sua autem pecunia unguenta emerit, vindicationem cessare, quia non est locupletior, quae tantundem in re mortua impendit.

## D. 24 , 1 , 7 , 2

Si vir et uxor quina invicem sibi donaverint et maritus servaverit, uxor consumpserit, recte placuit compensationem fieri donationum et hoc divus Hadrianus constituit.

## D. 24 , 1 , 7 , 3

Cum praedia emisset uxor et maritus donationis causa pro ea

### D. 24，1，7pr. 乌尔比安:《论萨宾》第31卷

关于（应该在何时评价）是否获利：是审判所指定的时刻还是被裁判之时？当然是应该看审判所指定的时刻，正如我们的皇帝（安东尼·卡拉卡拉）及其父亲（塞提姆·塞维鲁）在敕令中所规定的那样。

### D. 24，1，7，1

如果丈夫给妻子一些钱买脂粉，而她将这笔钱付给了自己的债权人，随即又用自己的钱买了脂粉，马尔切勒在其《学说汇纂》第7卷中写道，不应该认为她获利了。他还写道，如果（丈夫）出于同样的目的给了她一个盘子（也就是说，卖掉它而得到钱买脂粉），而她留下了（这个盘子）并用自己的钱买了脂粉，则不能索回，因为她并没有获利，她花同样的钱购买了一样可消耗掉的东西。

### D. 24，1，7，2

如果丈夫与妻子相互赠与5个金币，丈夫将其保留下来而妻子将其消费掉了，应该妥适地认为赠与抵销掉了，神君哈德良的谕令中这样规定。

### D. 24，1，7，3

如果妻子买了一些土地，丈夫因赠与而支付了价金，（神君哈德良）通过敕令同样地规定：应该评估妻子获利多

pretium numeravisset, idem constituit[1] : aestimari oportere, in quantum locupletior facta sit mulier. proinde et si praedia hodie vilissimo sunt, consequenter dicemus litis contestatae tempore aestimationem eorum spectandam. plane si magni pretii praedia sunt, summa tantum numerata erit restituenda, non etiam usurae pretii.

## D. 24, 1, 7, 4

Eleganter tractabitur, si mulier quindecim praedia emerit et maritus non totum pretium numeraverit, sed duas partes pretii, hoc est decem, uxor de suo quinque, deinde haec praedia valeant nunc decem, maritus quantum consequatur. et magis est, ut consequi debeat duas partes decem, ut quod periit ex pretio, utrique perierit et marito et uxori.

## D. 24, 1, 7, 5

Si maritus aestimationem rerum quas in dotem accepit dicat se donationis causa auxisse, remedium monstravit imperator noster cum divo patre suo rescripto, cuius verba haec sunt: ' Cum donationis causa pretium auctum adfirmes, qui super ea re cogniturus erit, si pecuniae modum recusabis, ipsa praedia restitui debere

---

[1]    < Cum praedia emisset uxor et maritus donationis causa pro ea pretium numeravisset, idem constituit: >, vd. Mo.  – Kr. , nt. 12.

少。所以，即使现在这些土地并不值钱，我们也一致认为应该参考他们在审判指定时刻的价值。当然，如果土地价值不菲，应该仅仅归还支付的价款，不包括价金的利息。

### D. 24，1，7，4

优雅的论述应该是这样一种情况：妻子花 15 个金币买了土地，丈夫没有支付全部的价金，而是支付了其中的三分之二，也就是 10 个金币，妻子自己支付了 5 个金币；如果现在这些地价值 10 个金币，丈夫应该得到多少？理想的答案是他应该得到 10 个金币的三分之二，这样价金的损失由丈夫和妻子两人共同承担。

### D. 24，1，7，5

如果因为赠与，丈夫声称他收到的嫁资之物增值了，我们的皇帝（安东尼·卡拉卡拉）以及他的神君父亲（塞提姆·塞维鲁）在敕令中指出了补救办法，他们这样说道："因为你声称，由于赠与，价金增长了，（法官）应该辨别这一纠纷，如果你拒绝支付（他们现在价值相应的）金钱数额，他将宣判应该返还那些土地并扣除所支付的费用。"

sumptuum deductis rationibus arbitrabitur'. in arbitrio igitur mariti erit, quid praestitum malit. idem iuris est et si e contrario mulier de minore aestimatione queratur. nec aliud in commodato aestimato dato observari solet, ut Pomponius libro quarto variarum lectionum scribit.

## D. 24, 1, 7, 6

Si uxor a marito suo praedia, quae ob dotem pignori acceperat, emerit eaque emptio donationis causa facta dicatur, nullius esse momenti, pignoris tamen obligationem durare imperator noster cum patre suo rescripsit, cuius rescripti verba ideo rettuli, ut appareat venditionem inter virum et uxorem bona fide gestam non retractari. ' Si tibi maritus pignora propter dotem et pecuniam creditam data non donationis causa vendidit, quod bona fide gestum est, manebit ratum. at si titulus donationis quaesitus ostenditur atque ideo venditionem irritam esse constabit, iure publico causam pignorum integram obtinebis'.

## D. 24, 1, 7, 7

Si uxor rem emit et maritus pretium pro ea numeravit, interdum dicendum est totum a muliere repetendum, quasi locupletior ex ea in solidum facta sit: ut puta si emit quidem rem mulier et debebat pecuniam, maritus autem a venditore eam liberavit: quid enim interest, creditori solvat an venditori?

因此应该由丈夫来衡量更愿意提供什么。相反，如果妻子抱怨估价过低，该法也同样适用。正如彭波尼在《各种课文》中写到的，通常并不认为这与一件物体估价之后被借出有什么区别。

### D. 24，1，7，6

我们的皇帝（安东尼·卡拉卡拉）及其父亲（塞提姆·塞维鲁）通过一则敕令规定：如果妻子从丈夫那购买了一些土地，而这些土地是她获得嫁资（返还）的抵押之物，同时这桩买卖被认为是因赠与而作出，那么（该买卖）无效，但质押仍然有效。我引述这一敕令，为的是使夫妻之间已经善意履行的买卖不被质疑：“如果你的丈夫并不是因为赠与而卖给你嫁资（返还）或者是借款而抵押的物品，该买卖是善意地履行，则该行为有效。但是如果是借莫须有的赠与之名，则买卖无效，你只能通过公法获得完整无缺的抵押之物。”

### D. 24，1，7，7

如果妻子购买了一件物品，而其丈夫用现金为其支付了价款，有时候可以认为应该要求妻子返还全部，如同她全部从该物品中获利：比如在这样一种情况下，妻子确实购买了一件物品需要支付价款，而她的丈夫为她向卖方清偿了（债务）。他向一个（消费借贷的）债权人还是向卖主付款有什么区别？

## D. 24, 1, 7, 8

Uxori quis donavit servum ita, ut eum intra annum manumit-
teret: an, si mulier non obtemperet voluntati, constitutio divi Mar-
ci imponat ei libertatem, si vir vel vivit vel etiam diem suum
obierit? et ait Papinianus, cum Sabini sit sententia recepta, qui
putat tunc fieri servum eius cui donatur, cum coeperit libertas imponi ideoque nec si velit mulier post exactum tempus possit manumittere, recte dici non esse constitutioni locum nec voluntatem
mariti posse constitutioni locum facere, cum proprium servum possit manumittere: quae sententia mihi quoque probatur, quia venditor sive donatur non sibi vult legem imponi nec potest, sed ei qui
accepit: dominio igitur penes se remanente nequaquam effectum
habebit constitutio.

## D. 24, 1, 7, 9

Manumissionis causa donatio facta valet, licet non hoc agatur, ut statim ad libertatem, sed quandoque perducatur. proinde
si, ut post certum tempus manumittat, uxori suae tradidit, tunc
demum eius fiet, cum tempore impleto manumittere coeperit: quare antea manumittendo nihil agit. nam et illud sciendum est: si uxori quis suae donaverit, ut intra annum manumittat, deinde non
manumiserit ea intra annum, postea manumittendo nihil agit.

## D. 24, 1, 7, 8

有人赠与给（他的）妻子一名奴隶，条件是年度内将其解放，假定该妻并没有遵从这一意愿，那么神君马可（奥列留）是否在丈夫在世时或者即使在其死亡的情况下也赋予该奴隶自由？帕比尼安采纳萨宾的意见，认为该奴隶只有在配偶赋予他自由的时候才属于受赠方。因此，其妻子在期限经过之后，即使她愿意也不能解释该奴隶，应该正确地认为不能适用该谕令。即使丈夫可以释放该奴隶，因为奴隶还是他的，丈夫的意愿也不能使该谕令得以适用。我也赞成此观点，因为卖方或者是赠与者的目的并不是使他自己被适用这一谕令，他也不可以，而是让收到的人（被适用该谕令）；因此所有权还是属于他，谕令无论如何也不产生效力。

## D. 24, 1, 7, 9

因解放而产生的赠与有效，即使并不是立即而是随后给予其自由。因此，如果某人交给妻子一名奴隶，以便她在一定期间之后将其解放，经过这段期间后，在她解放该奴隶的时候，该奴隶变为她的。因此，提前解放该奴隶，该行为无效。当然，同时还应该知道：如果某人赠给妻子（一名奴隶），以便她在一年之内解放他，但是她没有在一年内而是随后才解放这名奴隶，该行为也无效。

### D. 24, 1, 8 *Gaius libro undecimo ad edictum provinciale*

Si, antequam servus manumittatur, morte aut divortio solutum fuerit matrimonium, resolvitur donatio: inesse enim condicio donationi videtur, ut manente matrimonio manumittatur.

### D. 24, 1, 9pr. *Ulpianus libro trigesimo secundo ad Sabinum*

Si eum uxori donet maritus, qui eius erat condicionis, ne umquam ad libertatem perduci possit, dicendum est omnino nihil agi hac donatione.

### D. 24, 1, 9, 1

Si pecunia accepta mulier manumiserit vel operas ei imposuerit, ait Iulianus operas quidem eam licito iure impositura et tenere obligationem nec videri mulierem ex re viri locupletiorem fieri, cum eas libertus promittat: quod si pretium ob manumissionem acceperit mulier et sic manumiserit, si quidem ex peculio suo dedit, nummos mariti manere, si vero alius pro eo dedit, fient nummi mulieris: quae sententia recte se habet.

### D. 24, 1, 9, 2

Inter virum et uxorem mortis causa donationes receptae sunt,

### D. 24，1，8 盖尤斯:《论行省告示》第 10 卷

如果在奴隶被解放之前，婚姻因死亡或者离婚而解除，则赠与废除:实际上，在赠与中应认为内在条件是在婚姻存续期间被解放。

### D. 24，1，9pr. 乌尔比安:《论萨宾》第 32 卷

在丈夫向妻子赠与（一名奴隶）而该奴隶永远不能被赋予自由情况下，应该认为该赠与完全无效。

### D. 24，1，9，1

如果妻子（从丈夫那里）收到了金钱后释放了（奴隶），并且强加给（该解放自由人）一些劳作，尤里安认为她强加给他劳作是在合法地实施自己的权利，同时债务有效，并不能认为该妻子因为其丈夫的财产而变得更加富有了，因为是解放自由人允诺了这些劳作。相反，如果妻子由于解放而获得了报酬并因此而解放了（奴隶），在奴隶从自己的特有产中支付了报酬的情况下，金钱仍然是丈夫的，反之如果是其他人为这一奴隶付款，则金钱成为妻子的。我认为这个观点是正确的。

### D. 24，1，9，2

夫妻之间允许死因赠与。

## D. 24, 1, 10 *Gaius libro undecimo ad edictum provinciale*

quia in hoc tempus excurrit donationis eventus, quo vir et uxor esse desinunt.

## D. 24, 1, 11 pr. *Ulpianus libro trigesimo secundo ad Sabinum*

Sed interim res non statim fiunt eius cui donatae sunt, sed tunc demum, cum mors insecuta est: medio igitur tempore dominium remanet apud eum qui donavit.

## D. 24, 1, 11, 1

Sed quod dicitur mortis causa donationem inter virum et uxorem valere, ita verum est, ut non solum ea donatio valeat secundum Iulianum, quae hoc animo fit, ut tunc res fiat uxoris vel mariti, cum mors insequetur, sed omnis mortis causa donatio.

## D. 24, 1, 11, 2

Quando itaque non retro agatur donatio, emergunt vitia, ut Marcellus animadvertit in specie huiusmodi. maritus uxori mortis causa donatum voluit: interposuit mulier filium familias, qui a marito acciperet eique traderet: deinde, cum moritur maritus, pater familias invenitur: an valeat traditio? et ait consequens esse dici traditionem valere, quia sui iuris effectus est eo tempore, ad quod traditio redigitur, id est cum maritus moriebatur.

### D. 24, 1, 10 盖尤斯：《论行省告示》第 11 卷

因为赠与的确立从夫妻间关系终止时起算。

### D. 24, 1, 11pr. 乌尔比安：《论萨宾》第 32 卷

但是，这些物品并不立即成为受赠人的，而只有在（赠与人）死亡后方为受赠人所有。因而，在此期间，所有权仍属于赠与人。

### D. 24, 1, 11, 1

不过认为夫妻间死因赠与有效的观点在尤里安看来是正确的，并不仅仅是那些旨在使财产在其死亡后归属于其丈夫或妻子的赠与，而是所有的死因赠与。

### D. 24, 1, 11, 2

由于赠与没有追溯效力（也就是从行为履行时起没有效力，仅从死亡之时起产生效力），可能出现（行为）瑕疵，正如马尔切勒在这类情况中所指出的。丈夫想对妻子进行死因赠与；妇女让处于支配权之下的儿子作为居间人，他从丈夫那里获得（赠与）并（通过移转）交付给她。在其丈夫死亡之后，（该儿子）处于家父的地位（即在法律上成为自权人）。（已经履行的）交付还有效吗？马尔切勒认为交付是有效的，因为，在交付生效的时候，也就是丈夫死亡的时候，儿子才在法律上成为自权人。

## D. 24, 1, 11, 3

Idem ait: placuisse scio Sabinianis, si filiae familias uxori maritus tradet, donationem eius cum omni suo emolumento fieri, si vivo adhuc marito sui iuris fuerit effecta. quod et Iulianus libro septimo decimo digestorum probat.

## D. 24, 1, 11, 4

Proinde et si uxor marito filio familias mortis causa tradat et is viva adhuc uxore[1] sui iuris effectus sit, sine dubio dicemus ipsius fieri.

## D. 24, 1, 11, 5

Per contrarium quoque si uxor donaverit mortis causa patri familias marito et mortis eius tempore filius familias inveniatur, patri erit nunc emolumentum quaesitum.

## D. 24, 1, 11, 6

Consequenter Scaevola apud Marcellum notat, si servum interposuit mulier, ut ei tradatur mortis causa, isque adhuc servus dederit mulieri, deinde mortis tempore liber inveniatur, tantundem esse dicendum.

---

[ 1 ]    < viva adhuc uxore > , vd. Mo.  – Kr. , nt. 14.

D. 24，1，11，3

马尔切勒说：我知道萨宾学派认为这样是妥适的，即如果丈夫（由于死因赠与而以移转的方式）交付给妻子（某物），而她处于支配权之下，如果在其丈夫还活着的时候成为自权人，该赠与物以及（至其丈夫死亡时的）增值部分成为她的。尤里安在《学说汇纂》第 17 卷中也赞成这一观点。

D. 24，1，11，4

因此，即使妻子由于死亡而（移转某物作为赠与）交给丈夫，但他还处于父权之下，而该男子在她死亡之前成为自权人，毫无疑问我们认为赠与物变为他的。

D. 24，1，11，5

相反，即使妻子对家父丈夫进行死因赠与，但在她死亡的时候他是家子，财产的增长由（他的）家父获得。

D. 24，1，11，6

因此，谢沃拉在对马尔切勒进行注释的时候指出，如果妻子让一名奴隶作为居间人，以便他被移转交付死因赠与的（某赠与物），而他在还是奴隶的时候（将该物）交给了妇女，然后在（妇女的丈夫）死亡的时候成为解放自由人，也应该同样地这么认为（前面对家子的论述）。

## D. 24, 1, 11, 7

Idem Marcellus tractat, si is qui interpositus est, posteaquam dederit mulieri, decesserit vivo adhuc donatore, donationem evanescere, quia debeat aliquo momento interpositi[1] fieri et sic ad mulierem transire: quod ita procedit, si ea cui donabatur eum interposuit, non is qui donabat. porro si a marito interpositus est, et res ipsius statim facta est et, si ante mortem mariti tradiderit et decesserit, traditio eius egit aliquid, ut tamen haec traditio pendeat, donec mors sequatur.

## D. 24, 1, 11, 8

Si uxor rem Titio dederit, ut is marito mortis causa traderet eaque defuncta invitis heredibus eius Titius marito dederit, interest, utrum a muliere sit interpositus Titius an vero a marito cui donabatur: si a muliere interpositus est, obligabit se condictione, si marito tradiderit, si autem a marito sit interpositus, mortua muliere confestim fundus efficietur eius quem maritus interposuit et actionem ipse maritus cum eo habebit.

## D. 24, 1, 11, 9

Si uxor rem, quam a marito suo mortis causa acceperat, vivo eo alii tradiderit, nihil agitur ea traditione, quia non ante ultimum

---

[1]   £ interposito ¤ , vd. Mo.  – Kr. , nt. 15.

### D. 24，1，11，7

马尔切勒同样地论述（下面的这种情况）：如果被作为居间人的人（将赠与物）交给妇女之后死亡了，而赠与者还活着，则赠与消灭，因为（该物）应该在一段时间内成为居间人的，然后过渡给妇女；如果是被赠与人而不是赠与人将他作为居间人，则以这种方式进行。当然，如果丈夫将他作为居间人且物品立即变为他的，且在丈夫死亡之前将物品交付了，然后死亡，那么交付在一定程度上有效，但是这样该交付的效力在（丈夫）死亡之前被悬置。

### D. 24，1，11，8

如果妻子将一个物品交给提茨奥，以便他因死因赠与而（以移转方式）交给她的丈夫，她死后，提茨奥违反她的继承人的意愿，将该物品交给了其丈夫，应该注意提茨奥是作为妇女的还是被赠与的丈夫的居间人：如果是妇女的居间人，他（这样做）应该就请求返还之诉承担责任；而如果是丈夫的居间人，而妻子死了，土地立即变为丈夫的居间人的，丈夫将对他提起（委托）之诉。

### D. 24，1，11，9

如果妻子将从丈夫那获得的死因赠与的（赠与物）交给其他人，但是他还活着，则该交付无效，因为该物品在其

vitae tempus mulieris fuit. plane in quibus casibus placeat retro agi donationem, etiam sequens traditio a muliere facta in pendenti habebitur.

## D. 24, 1, 11, 10

Si maritus uxori donaverit mortis causa eaque diverterit, an dissolvatur donatio? Iulianus scripsit infirmari donationem nec iam pendere[1].

## D. 24, 1, 11, 11

Idem ait, si divortii causa facta sit donatio, valere:

## D. 24, 1, 12 *Paulus libro septimo ad Sabinum*

quae tamen sub ipso divortii tempore, non quae ex cogitatione quandoque futuri divortii fiant:

## D. 24, 1, 13pr. *Ulpianus libro trigesimo secundo ad Sabinum*

sed si mors sit insecuta, non videri factas res mulieris, quia donatio in alium casum facta est.

## D. 24, 1, 13, 1

Proinde et si mortis causa uxori donaverit et deportationem

---

[1]  £ impendere ¤ , vd. Mo. – Kr. , nt. 16.

（丈夫）断气之前还不是这个女人的。当然，在这些情况下认为赠与具有追溯效力（也就是从赠与人死亡开始）是正确的，妻子随后所作的交付悬而未决。

### D. 24，1，11，10

如果丈夫对妻子进行死因赠与，而她离婚了，那么赠与废除了吗？尤里安写道，赠与撤销而不处于悬而未决的状态。

### D. 24，1，11，11

（同一法学家）还认为因离婚而作出的赠与有效。

### D. 24，1，12 保罗：《论萨宾》第 7 卷

但是，仅仅是那些与离婚同时作出的赠与有效，而不是那些建立在将来某一不确定时刻的离婚的想法上所作出的赠与。

### D. 24，1，13pr. 乌尔比安：《论萨宾》第 22 卷

如果随后死亡了，并不认为这些东西成为妇女的，因为赠与是就另一种情况作出的。

### D. 24，1，13，1

那么，我们来看看赠与在（丈夫）对妻子进行死因赠与然后随即被流放的情况下是否有效。我们认为这样是妥适的，

passus est, an donatio valeat, videamus. et alias placet in casum
deportationis donationem factam valere, quemadmodum in causam
divortii. cum igitur deportatione matrimonium minime dissolvatur et
nihil vitium mulieris incurrit, humanum est donationem, quae
mortis causa ab initio facta est, tali exilio subsecuto confirmari,
tamquam si mortuo marito rata habebatur, ita tamen, ut non adi-
matur licentia marito eam revocare, quia et mors eius exspectanda
est, ut tunc plenissimam habeat firmitatem, quando ab hac luce
fuerit subtractus, sive reversus sive adhuc in poena constitutus.

## D. 24, 1, 13, 2

Cum quis acceperit, ut in suo aedificet, condici ei id non potest, quia magis donari ei videtur: quae sententia Neratii quoque
fuit: ait enim datum ad villam extruendam vel agrum serendum,
quod alioquin facturus non erat is qui accepit, in speciem donationis cadere. ergo inter virum et uxorem hae erunt interdictae.

## D. 24, 1, 14 *Paulus libro septuagesimo primo ad edictum*

Quod si vir uxori, cuius aedes incendio consumptae sunt, ad
refectionem earum pecuniam donaverit, valet donatio in tantum,
in quantum aedificii extructio postulat.

即在流放的情况下赠与有效，跟离婚的情形一样。因此，尽管婚姻并不因为流放而解除且妻子没有死亡，赠与最初由于死因而作出也是人之常情，意外发生这一流放，要认为如同丈夫死亡的情况下一样有效，但是不能剥夺他撤回赠与的权利，因为要等待丈夫的死亡，直到那一刻（赠与）才完全稳定（即有效，不可撤销），无论他已经回来还是正在服役，都要等到他死亡的那一刻。

### D. 24，1，13，2

如果某人收到了某物用于在自己的土地上修建房屋，收到之物不能通过请求返还之诉被请求，因为被认为赠与给他了。内拉蒂也持这一观点，他声称，被给付用于建设乡间别墅或者是播种土地的财物——即用来做收到该物之人本不会做到的事情——属于赠与的范畴。因此这些行为在夫妻间是被禁止的。

### D. 24，1，14 保罗《论告示》：第71卷

但是如果妻子的房屋被火灾烧毁，丈夫赠给妻子一些金钱重建房屋，在修建房屋的所需额度内赠与有效。

### D. 24, 1, 15pr. *Ulpianus libro trigesimo secundo ad Sabinum*

Ex annuo vel menstruo, quod uxori maritus praestat, tunc quod superest revocabitur, si satis immodicum est, id est supra vires dotis.

### D. 24, 1, 15, 1

Si maritus uxori pecuniam donaverit eaque usuras ex donata pecunia perceperit, lucrabitur. haec ita Iulianus in marito libro octavo decimo digestorum scribit.

### D. 24, 1, 16 *Tryfoninus libro decimo disputationum*

Quid ergo si ex centum, quae vir uxori donavit, quinquaginta apud debitorem eius [1] perierint, et alia quinquaginta duplicata usuris uxor habet? non plus quinquaginta eius donationis nomine maritus ab ea consequetur.

### D. 24, 1, 17pr. *Ulpianus libro trigesimo secundo ad Sabinum*

De fructibus quoque videamus, si ex fructibus praediorum quae donata sunt locupletata sit, an in causam donationis cadant. et Iulianus significat fructus quoque ut usuras licitam habere donationem.

---

[ 1 ]   £ ex his ¤ , vd. Mo.  Kr. , nt. 6.

### D. 24，1，15pr. 乌尔比安：《论萨宾》第 32 卷

如果丈夫给妻子的年金或是月供超过了标准，也就是超过了嫁资的收入，可以要求返还剩余部分。

### D. 24，1，15，1

如果丈夫赠给妻子金钱而她用受赠的金钱收取利息，她从中获利。尤里安在《学说汇纂》第 18 卷关于丈夫中写道。

### D. 24，1，16 特里芬尼：《辩论集》第 10 卷

如果丈夫赠与妻子 100 金币，其中 50 金币给了他的债务人，妻子使另外 50 金币因利息而翻倍，这样的情况下又怎么样呢？根据这一赠与，丈夫不能从她那获得多于 50 金币。

### D. 24，1，17pr. 乌尔比安：《论萨宾》第 32 卷

我们再来看看在（妻子）因受赠田宅的孳息而获利的情况下，这些孳息是否属于赠与物。尤里安认为孳息如同利息，构成合法的赠与。

## D. 24, 1, 17, 1

Sed si quid servus donatus adquisiit, ad eum qui donavit pertinebit.

## D. 24, 1, 18 *Pomponius libro quarto ex variis lectionibus*

Si vir uxoris aut uxor viri servis aut vestimentis usus vel usa fuerit vel in aedibus eius gratis habitaverit, valet donatio.

## D. 24, 1, 19pr. *Ulpianus libro trigesimo secundo ad Sabinum.*

Si uxor filio donaverit servum, qui in patris mariti sit potestate, deinde is servus ancillam acceperit, dominium mulieri quaeretur: nec interesse Iulianus ait, ex cuius pecunia haec ancilla empta sit, quia nec ex re sua quicquam adquiri potest per eum qui donatur ei cui donatur: hoc enim bonae fidei possessoribus concessum est, virum autem scientem alienum possidere.

## D. 24, 1, 19, 1

Idem quaerit, si ex re mariti ea ancilla comparata fuerit, an adversus agentem mulierem de dote maritus pretium possit per exceptionem retinere. et dicendum est posse maritum et exceptionem habere, si dos ab eo petetur, secundum Marcelli sententiam et, si solverit, secundum Iulianum condicere posse.

### D. 24，1，17，1

如果赠与的奴隶购买了某物，该物属于赠与者。

### D. 24，1，18 彭波尼:《各种课文》第 4 卷

如果丈夫使用妻子的奴隶或衣服，或是妻子使用丈夫的（奴隶或衣服），或是一方无偿地住在配偶的家里，该赠与有效。

### D. 24，1，19，pr. 乌尔比安:《论萨宾》第 32 卷

如果妻子赠与一名男奴隶给儿子，且儿子处于其丈夫的家父权之下，随后男奴收到一名年轻的女奴隶，其所有权归妇女。尤里安认为，是谁的钱购买的年轻女奴隶并不重要，因为即使用自己的财产，也不能通过赠与的奴隶使受赠（配偶）获得什么：这仅赋予给善意的占有者；而丈夫知道自己占有的是他人之物。

### D. 24，1，19，1

同一（法学家）问，在该年轻女奴隶是以丈夫的财产被购买的情况下，丈夫是否可以在女人提起嫁资（返还）之诉时通过抗辩获得价金。应该认为，根据马尔切勒的观点，如果被要求（返还）嫁资，丈夫可以提出抗辩；根据尤里安的观点，如果已经支付，可以提起请求返还之诉。

## D. 24, 1, 20 *Iavolenus libro undecimo epistularum*

Si is servus, qui uxori mortis causa donatus est, prius quam vir decederet stipulatus est, in pendenti puto esse causam obligationis, donec vir aut moriatur aut suspicione mortis, propter quam donavit, liberetur: quidquid autem eorum inciderit, quod donationem aut peremat aut confirmet, id quoque causam stipulationis aut confirmabit aut resolvet.

## D. 24, 1, 21 pr. *Ulpianus libro trigesimo secundo ad Sabinum*

Si quis pro uxore sua vectigal, quod in itinere praestari solet, solvisset, an quasi locupletiore ea facta exactio fiat, an vero nulla sit donatio? et magis puto non interdictum hoc, maxime si ipsius causa profecta est. nam et Papinianus libro quarto responsorum scripsit vecturas uxoris et ministeriorum eius virum itineris sui causa datas repetere non posse: iter autem fuisse videtur viri causa et cum uxor ad virum pervenit. nec interesse, an aliquid de vecturis in contrahendo matrimonio convenerit: non enim donat, qui necessariis oneribus succurrit. ergo et si consensu mariti profecta est mulier propter suas necessarias causas et aliquid maritus expensarum nomine ei praestiterit, hoc revocandum non est.

## D. 24, 1, 21, 1

Si uxor viro dotem promiserit et dotis usuras, sine dubio dicendum est peti usuras posse, quia non est ista donatio, cum pro

### D. 24，1，20 雅沃伦:《书信集》第 11 卷

如果某一奴隶由于死因而被赠与给妻子，在丈夫死亡之前，使某人通过要式口约向自己作出允诺，我认为直到丈夫死亡或者脱离了他为此作出赠与的死亡危险，债的状态是不定的；赠与将根据发生的情况被撤销或是被确定，并将确认或废除要式口约。

### D. 24，1，21pr. 乌尔比安:《论萨宾》第 32 卷

如果某人为其妻子支付了她通常支付的旅费，应该如同她从中获利一样请求返还，还是并不构成赠与？我倾向于认为该（给付）并不被禁止，特别是如果（妻子）是因为他的原因而出发。事实上，帕比尼安在其《解答集》第 4 卷中也写道，丈夫不能索回妻子及其奴隶因为他的原因旅行所支付的交通费用；应该认为妻子去丈夫那里的旅行也是因他而起。什么时候妻子去他那里并不重要。缔结婚姻时是否就交通费用达成一致也不重要：支付必要费用的人并不进行赠与。因此，如果妻子经丈夫的同意因自己的需要而起程，而他交给她一些物品作为费用，这些也不能被撤回。

### D. 24，1，21，1

如果妻子向丈夫允诺嫁资及其产生的利息，应该说毫无疑问地他可以请求利息，因为这不是赠与，所以可以请求

oneribus matrimonii petantur. quid tamen, si maritus uxori petitionem earum remiserit? eadem erit quaestio, an donatio sit illicita: et Iulianus hoc diceret: quod verum est. plane si convenerat, uti se mulier pasceret suosque nomine et [1] idcirco passus est eam dote sua frui, ut se suosque aleret, expeditum erit: puto enim non posse ab ea peti quasi donatum, quod compensatum est.

### D. 24, 1, 22 *Ulpianus libro tertio ad Sabinum*

Uxori suae quis mortis causa servum donavit eumque cum libertate heredem scripsit: an valeat institutio, quaeritur. et puto, si hoc animo eum scripsit heredem, quod donationis se dixit paenituisse, valere institutionem et necessarium heredem domino servum fieri: ceterum si, posteaquam heredem instituit, donavit, donatio praevalebit, vel si ante donavit, non tamen adimendi animo libertatem adscripsit.

### D. 24, 1, 23 *Idem libro sexto ad Sabinum*

Papinianus recte putabat orationem divi Severi ad rerum donationem pertinere: denique si stipulanti spopondisset uxori suae, non putabat conveniri posse heredem mariti, licet durante voluntate maritus decesserit.

---

[1]    < et >, vd. Mo.  – Kr., nt. 15.

（所允诺的利息用以支撑）婚姻费用。但是如果丈夫放弃对
妻子的请求呢？问题还是同样的：赠与是否不合法？尤里安
说这是正确的。如果他们达成一致由妻子供养自己及她的奴
隶，因此（丈夫）允许她持有她的嫁资的孳息来扶养自己的
奴隶，那么（问题）很简单：我认为不能作为赠与物向她请
求所抵销的（物）。

### D. 24，1，22 同一作者（乌尔比安）：《论萨宾》第3卷

　　某人出于死因而赠与给妻子一名奴隶，并且（在遗嘱）
中指定该奴隶作为继承人同时解放他；问题是该指定是否有
效。我认为，如果指定他为继承人是因为他想表达他改变了
赠与的想法，那么指定是有效的，奴隶成为他主人必要的继
承人。相反，如果他指定继承人之后进行赠与，或者即使他
先进行赠与，但是他解放奴隶不是为了将他（从妻子那儿）
夺走，则赠与优先。

### D. 24，1，23 同一作者（乌尔比安）：《论萨宾》第7卷

　　帕比尼安正确地认为神君塞维鲁（在元老院宣读）的诏
书是关于物品的赠与。这样，如果（丈夫以赠与为目的）通
过要式口约允诺妻子（某物），他不认为可以起诉丈夫的继
承人（来履行债务），即使丈夫在他自己没有改变主意时死
亡了。

### D. 24, 1, 24 *Paulus libro septimo ad Sabinum*

Si inter extraneos facta sit donatio et antequam per tempus legitimum dominium fuerit adquisitum, coierint, vel contra si inter virum et uxorem facta sit donatio et ante impletum tempus supradictum solutum sit matrimonium, nihilo minus procedere temporis suffragium constat, quia altero modo sine vitio tradita est possessio, altero quod fuerit vitium, amotum sit.

### D. 24, 1, 25 *Terentius Clemens libro quinto ad legem Iuliam et Papiam*

Sed et si constante matrimonio res aliena uxori a marito donata fuerit, dicendum est confestim ad usucapionem eius uxorem admitti, quia et si non mortis causa donaverat ei, non impediretur usucapio. nam ius constitutum ad eas donationes pertinet, ex quibus et locupletior mulier et pauperior maritus in suis rebus fit: itaque licet mortis causa donatio interveniat, quasi inter extraneas personas fieri intellegenda est in ea re, quae quia aliena est usucapi potest.

### D. 24, 1, 26pr. *Paulus libro septimo ad Sabinum*

Si eum, qui mihi vendiderit, iusserim eam rem uxori meae donationis causa dare et is possessionem iussu meo tradiderit, liberatus erit, quia, licet illa iure civili possidere non intellegatur, certe tamen venditor nihil habet quod tradat.

### D.24，1，24 保罗：《论萨宾》第7卷

如果赠与发生在外人之间，在（经过）法定期间取得所有权之前，他们缔结了婚姻；或者相反，赠与发生在夫妻间，在上述期间经过之前婚姻解除了，时效效力肯定仍然继续，在第一种情形下所有权已经有效地转移，在第二种情形下，原有的瑕疵被清除了。

### D.24，1，25 特伦求斯·克莱蒙斯：《论尤里安及帕比亚法》

然而，如果在婚姻关系存续期间，丈夫将他人之物赠送给妻子，应该认为妻子立即通过时效取得而持有它，因为即使不是死因赠与，时效取得也不会被禁止。所制定的法律，涉及的是那些使妻子获利而丈夫变得更贫穷的赠与；因此，即使在死因赠与的情况下，涉及他人之物，也可以通过时效取得，应该被理解为就好像发生在外人间（的赠与）一样。

### D.24，1，26pr. 保罗：《论萨宾》第7卷

如果我命令卖给我（某物的人）将物品给我妻子从而将其赠与给她，他根据我的命令向她转移了所有权，则他（的债务）得以解除，因为，即使对于市民法来说并不意味着为她所有，但是可以肯定的是卖主没有任何东西可以交付了。

## D. 24, 1, 26, 1

Ex quibus causis inter virum et uxorem concessae sunt donationes, ex isdem et inter socerum et generum nurumve concessas
Neratius ait. ergo socer genero mortis vel divortii causa donabit,
sed et gener socero mortis suae vel divortii causa.

## D. 24, 1, 27 *Modestinus libro septimo regularum*

Inter eos, qui matrimonio coituri sunt, ante nuptias donatio
facta iure consistit, etiamsi eodem die nuptiae fuerint consecutae.

## D. 24, 1, 28pr. *Paulus libro septimo ad Sabinum*

Si id quod donatum sit perierit vel consumptum sit, eius qui
dedit est detrimentum, merito, quia manet res eius qui dedit sua-
mque rem perdit.

## D. 24, 1, 28, 1

Si quid in pueros ex ancillis dotalibus natos maritus inpen-
derit aut in doctrinam aut alimenta, non servatur marito, quia ipse
ministeriis eorum utitur: sed illud servatur quod nutrici datum est
ad educendum, quia pro capite quid dedisset, quemadmodum si a
praedonibus redemisset servos dotales.

### D.24，1，26，1

基于允许夫妻间赠与的同样理由，内拉蒂称也允许岳父与女婿或是公公与媳妇之间的赠与。因此，公公对女婿可以就死因或是离婚而进行赠与，女婿对公公也可以就死因或是离婚对女婿进行赠与。

### D.24，1，27 莫德斯丁：《规则集》第 7 卷

在两个即将要结婚的人之间，如果赠与发生在婚礼之前则根据法律是有效的，即使在当天随后便举行婚礼。

### D.24，1，28pr. 保罗：《论萨宾》第 7 卷

如果赠与物灭失或者被消耗，损失归赠与者：这是有道理的，因为物品仍然是赠与者的，是他丢失了一件自己的物品。

### D.24，1，28，1

如果丈夫因教育和抚养女嫁资奴隶的子女而开支了费用，这些费用并不退还给丈夫，因为他也使用了他们的服务。但是要退还支付给乳母喂养他们的费用，因为这就如同支付某物来挽救他们的生命，或者是从强盗那赎回了嫁资奴隶一样。

## D. 24, 1, 28, 2

Si quas operas servi[1] viri uxori praestiterint vel contra, magis placuit, nullam habendam earum rationem: et sane non amare nec tamquam inter infestos ius prohibitae donationis tractandum est, sed ut inter coniunctos maximo affectu et solam inopiam timentes.

## D. 24, 1, 28, 3

Si ex decem donatis sibi mulier servum emerit et is quinque sit quinque petenda esse apud Plautium placuit, quemadmodum, si mortuus est, nihil peteretur: si vero quindecim dignus sit, non plus quam decem potest peti, quoniam eatenus donator pauperior factus esset.

## D. 24, 1, 28, 4

Quod si ex decem duos servos emerit et eorum alter mortuus sit, alter decem dignus sit, solet quaeri. et plerique et Pomponius interesse putant, utrum uno pretio venierint an diversis: si uno, tota decem petenda, quemadmodum si una res empta deterior facta est, vel grex vel carrucha et aliqua pars inde perisset: si diversis, hoc solum petendum, quanti sit emptus qui superest.

---

[1]  £ servi operas ¤ , vd. Mo.  – Kr. , nt. 2.

## D. 24, 1, 28, 2

如果丈夫的奴隶向其妻子履行了劳作或者反之，最好是不去计算。事实上，禁止赠予的法律并不是要严厉地或是如同在敌对的人间一样适用，而是应该适用于如同因极端喜爱而结合在一起的人之间一样，他们仅仅担心金钱短缺。

## D. 24, 1, 28, 3

如果妻子用被赠与的 10 个金币购买了一名奴隶，而这名奴隶价值 5 个金币，普拉蒂认为妥适的做法是请求（返还）5 个金币。如同在奴隶死亡的情况下，什么也不能请求。但是如果它价值 15 个金币，请求不能多于 10 个金币，因为赠与者的财产仅仅减少了这么多。

## D. 24, 1, 28, 4

但是人们一般会问，如果（妻子）以 10 个金币购买了 2 名奴隶，其中 1 名死亡另一名奴隶价值 10 个金币，这种情况该如何处理？大部分（法学家）以及彭波尼认为重要的是辨别他们是否以整体价格卖出，（如果是），则应该请求 10 个金币，如同只有一个购买的物品贬值了，就像羊群或者是四轮马车，其中一部分灭失了；如果是以区别的价格，则应该仅仅请求购买留下的那名奴隶的价格。

## D. 24, 1, 28, 5

Iulianum putasse Pomponius refert, si quid per eum servum, quem ex nummis a marito donatis mulier emisset [ 1 ] adquisisset (forte legatum, hereditatem) aut partus editus esset, eo quoque nomine petitionem faciendam esse.

## D. 24, 1, 28, 6

Illud constat, si antequam a viro annuum acciperet, mulier ipsa de suo aut etiam mutuata impenderit, videri tantum iam ex annuo consumptum.

## D. 24, 1, 28, 7

Illud recte dictum Celsus ait: si dotis usuras annuas uxor stipulata sit, licet ei non debeantur, quia tamen quasi de annuo convenerit, peti quidem dotis iudicio non possunt, compensari autem possunt: idem ergo dicemus in qualibet pactione annui nomine facta.

## D. 24, 1, 29pr. *Pomponius libro quarto decimo ad Sabinum*

Si mulier ex pecunia donata emptum servum vendidisset et alium emisset, posteriorem periculo mulieris esse Fulcinius scripsit: quod non est verum, licet non ex re mariti emptus sit.

---

[ 1 ]    < emisset > , vd. Mo.  – Kr. , nt. 6.

### D. 24，1，28，5

彭波尼提到，尤里安曾经认为，如果妻子通过她用丈夫赠与她的钱购买的奴隶获得了某物（比如一份遗赠或者是一份遗产），或者是（同样地用丈夫赠与的钱购买的女奴隶）产下子女，也应该请求返还这些获得物。

### D. 24，1，28，6

这样看来是确定的：如果妻子从丈夫那收到年金之前，花费了自己的金钱或者是产生了消费借贷，应该认为这已经在年金里消费了。

### D. 24，1，28，7

杰尔苏声称这样说是正确的：如果女人以要式口约被允诺嫁资的年息，即使不应该给她，由于约定为年金，（这些利息）也肯定不能以嫁资之诉得以请求，但是可以抵销。因此，任何以年金名义订立的简约我们都这样认为。

### D. 24，1，29pr. **彭波尼：《论萨宾》第 14 卷**

如果妇女卖掉了用（丈夫）赠与给她的钱购买的奴隶，然后购买了另一个奴隶，富勒琴流斯写道，后者的风险应该由妇女承担；这是不正确的，即使他不是用丈夫的财产购买来的。

## D. 24, 1, 29, 1

Si vir uxori lanam donavit et ex ea lana vestimenta sibi confecit, uxoris esse vestimenta Labeo ait:

## D. 24, 1, 30 *Gaius libro undecimo ad edictum provinciale*

utilem tamen viro competere.

## D. 24, 1, 31 pr. *Pomponius libro quarto decimo ad Sabinum*

Sed si vir lana sua vestimentum mulieri confecerit, quamvis id uxori confectum fuerit et uxoris cura, tamen viri esse neque impedire, quod in ea re uxor tamquam lanipendia fuerit et viri negotium procurarit.

## D. 24, 1, 31, 1

Si uxor lana sua, operis ancillarum viri, vestimenta sui nomine confecit muliebria, et vestimenta mulieris esse et pro operis ancillarum viro praestare nihil debere: sed viri nomine vestimenta confecta virilia viri esse, ut is lanae uxori praestet pretium: sed si non virilia vestimenta suo nomine mulier confecit, sed ea viro donavit, non valere donationem, cum illa valeat, cum viri nomine confecit: nec umquam operas viri ancillarum aestimari convenit.

### D. 24，1，29，1

如果丈夫赠与了妻子羊毛，她用这些羊毛为自己制作了一些衣服，拉贝奥称这些衣服是妻子的。

### D. 24，1，30 盖尤斯：《论行省告示》第 11 卷

但是丈夫有权提起扩用之诉。

### D. 24，1，31pr. 彭波尼：《论萨宾》第 14 卷

但是，如果丈夫用自己的羊毛为妻子制作了一件衣服，即使是为妻子而作而且是她制作的，衣服也是丈夫的，妻子在其中是否作为纺纱工的指挥和作为丈夫事务的代理人并不构成障碍。

### D. 24，1，31，1

如果妻子用自己的羊毛和丈夫女奴隶的劳作、以自己的名义缝制了一些女装，这些衣服也属于妻子而且不用就奴隶们的劳作给付任何东西。但是如果以丈夫的名义缝制了男装，只要丈夫付给妻子羊毛的价值，那这些衣服是丈夫的。如果妻子用自己的名义缝制了一些非男装且将他们赠与给丈夫，赠与无效，因为这在以丈夫的名义缝制的情况下有效；（在法学家中）达成一致的是绝不对丈夫的女奴隶们的劳作作出估值。

## D. 24, 1, 31, 2

Si vir uxori aream donaverit et uxor in ea insulam aedificaverit, ea insula sine dubio mariti est, sed eam impensam mulierem
servaturam placet: nam si maritus vindicet insulam, retentionem
impensae mulierem facturam.

## D. 24, 1, 31, 3

Si duo mancipia fuerint singula quinis digna, sed utrumque
unis quinque donationis causa a viro mulieri vel contra venierint,
melius dicetur communia ea esse pro portione pretii nec tandem
spectandum esse, quanti mancipia sint, sed quantum ex pretio donationis causa sit remissum: sine dubio licet a viro vel uxore minoris emere, si non sit animus donandi.

## D. 24, 1, 31, 4

Si vir uxori vel contra quid vendiderit vero pretio et donationis causa paciscantur, ne quid venditor ob eam rem praestet, videndum est, quid ea[1] venditione agatur, utrum res venierit et
totum negotium valeat, an ut totum negotium irritum sit, an[2]
vero ut ea sola pactio irrita sit, quemadmodum irrita esset, si post
contractam emptionem novo consilio inito id pacti fuissent[3]. et
verius est pactum dumtaxat irritum esse.

---

[1]  [de], vd. Mo.  − Kr. , nt. 16.
[2]  £ ut totum negotium irritum sit, an ¤ , vd. Mo.  − Kr. , nt. 17.
[3]  £ fuisset actum ¤ , vd. Mo.  − Kr. , nt. 18.

## D. 24，1，31，2

如果丈夫赠与给妻子一块地，妻子在那建造了一个经济公寓房，毫无疑问这个经济公寓房是丈夫的，但是妻子可以获得那些花费的报销的做法看来是妥当的：如果丈夫要求归还该经济公寓房，妻子可以扣除（房屋的）费用。

## D. 24，1，31，3

如果有两个各值 5 个金币的奴隶，但是两者因赠与被丈夫以仅 5 个金币的价格卖给了妻子，或者反之，较妥的说法是他们按比例构成价格，且最终不应该看这些奴隶值多少钱，而是因为赠与减少了多少钱。毫无疑问，如果没有赠与的意图，以低于（市场价格）的价钱从丈夫或是妻子那购买是合法的。

## D. 24，1，31，4

如果丈夫以市场价格卖给妻子某物或者反之，并且约定因赠与该（买卖的）卖主不必提供任何东西（即实质上以买卖的形式进行赠与），应该看看在这桩买卖中具体缔结了什么，也就是说是否物品已经卖出且整桩交易有效，还是整桩交易无效，还是仅仅简约无效，就像买卖完成之后进入一个新的主题，才如此约定。更正确的（观点）是仅仅简约有效。

## D. 24, 1, 31, 5

Idem dicemus, si donationis causa pacti sint, ne fugitivum aut erronem praestent, id est integras esse actiones aedilicias et ex empto.

## D. 24, 1, 31, 6

Quod vir uxori in diem debet, sine metu donationis praesens solvere potest, quamvis commodum temporis retenta pecunia sentire potuerit.

## D. 24, 1, 31, 7

Quod legaturus mihi aut hereditatis nomine relicturus es, potes rogatus a me uxori meae relinquere et non videtur ea esse donatio, quia nihil ex bonis meis deminuitur: in quo maxime maiores donanti succurrisse Proculus ait, ne amore alterius alter despoliaretur, non quasi malivolos, ne alter locupletior fieret.

## D. 24, 1, 31, 8

Si vir uxori munus immodicum calendis Martiis aut natali die dedisset, donatio est: sed si impensas, quas faceret mulier, quo honestius se tueretur, contra est.

## D. 24, 1, 31, 9

Non videtur locupletior facta esse mulier, si aut in opsonio aut in

### D. 24，1，31，5

在他们因赠与而约定不担保（奴隶不是）逃匿的或者是无业游民的情况下，我们也同样如此认为：也就是说营造官之诉及买卖之诉还是完整的。

### D. 24，1，31，6

丈夫应该在一定期限内归还妻子的钱，可以在不用担心（履行成为）赠与的时候立即支付，尽管他持有金钱本可以获得期限优势。

### D. 24，1，31，7

在我的要求下，你可以将要以遗赠或是遗产的名义留给我的物品留给我的妻子，这并不被认为是赠与，因为我的财产并没有减少；普罗库勒认为我们的祖先尽力帮助赠与者，为的是不像互不喜欢的人之间一样，一方因为对另一方的爱而被劫掠，而另一方则变得更富有。

### D. 24，1，31，8

如果丈夫在3月1日（即古罗马的元旦）或者是生日的时候，送给妻子一份过于贵重的礼物，这是一种赠与（因而被禁止）；但是如果（丈夫）为了使妻子（在其限度内）过上更加适应的生活而支付（一些必需的钱用于）她的开销，则不是赠与。

### D. 24，1，31，9

如果妻子将丈夫赠与给她的钱用于给奴隶家庭的食物、

unguentis aut in cibariis familiae donatam sibi pecuniam impenderit.

## D. 24, 1, 31, 10

Quae vir cibaria uxoris familiae iumentisve praestiterit, quae in usu communi erant, non condicentur: quod si familiam domesticam uxoris aut venaliciam pavit, contra puto observari debere.

## D. 24, 1, 32pr. *Ulpianus libro trigesimo tertio ad Sabinum*

Cum hic status esset donationum inter virum et uxorem, quem antea rettulimus, imperator noster Antoninus Augustus ante excessum divi Severi patris sui oratione in senatu habita auctor fuit senatui censendi Fulvio Aemiliano et Nummio Albino consulibus, ut aliquid laxaret ex iuris rigore.

## D. 24, 1, 32, 1

Oratio autem imperatoris nostri de confirmandis donationibus non solum ad ea pertinet, quae nomine uxoris a viro comparata sunt, sed ad omnes donationes inter virum et uxorem factas, ut moriente eo qui donavit[1] et ipso iure res fiant eius cui donatae sunt et obligatio sit civilis et de Falcidia ubi possit locum habere

---

[ 1 ]    < moriente eo qui donavit > , vd. Mo.  – Kr. , nt. 26.

药膏或是饮料，不应该认为妻子因此变得更加富有了。

### D. 24，1，31，10

不能就丈夫给妻子的奴隶家庭提供的食物或是共同使用的驴子提起请求返还之诉；但是我认为，在丈夫扶养妻子家用的或是用于出售的奴隶家庭的情况下，则可以提起请求返还之诉。

### D. 24，1，32pr. 乌尔比安：《论萨宾》第 33 卷

既然当时夫妻间赠与的条件就是我们前面所提到的，我们的皇帝安东尼（卡拉卡拉）奥古斯都在他的父亲神君（塞提姆）塞维鲁去世之前，通过一篇在弗鲁维·艾米利亚诺和努米奥·阿尔比诺执政时期的元老院宣读的诏书，同样地提议决定以某种形式放宽法律的严格性。

### D. 24，1，32，1

我们皇帝关于确认赠与的诏书，关涉的不仅仅是丈夫以妻子的名义获得的物品，而是所有夫妻间的赠与，（这样）使得，赠与的一方死亡之后，根据该法这些物品成为被赠与一方的，债（即赠与的客体）根据市民法受到约束，同时还

tractandum sit: cui locum ita fore opinor, quasi testamento sit confirmatum quod donatum est.

## D. 24, 1, 32, 2

Ait oratio 'fas esse eum quidem qui donavit paenitere: heredem vero eripere forsitan adversus voluntatem supremam eius qui donaverit durum et avarum esse'.

## D. 24, 1, 32, 3

Paenitentiam accipere debemus supremam. proinde si uxori donavit, deinde eum paenituit, mox desiit paenitere, dicendum est donationem valere, ut supremum eius spectemus iudicium, quemadmodum circa fideicommissa solemus, vel in legatis cum de doli exceptione opposita tractamus, ut sit ambulatoria voluntas eius usque ad vitae supremum exitum.

## D. 24, 1, 32, 4

Sed ubi semel donatorem paenituit, etiam heredi revocandi potestatem tribuimus, si appareat defunctum evidenter revocasse voluntatem: quod si in obscuro sit, proclivior esse debet iudex ad comprobandam donationem.

## D. 24, 1, 32, 5

Si maritus ea quae donaverit pignori dederit, utique eum paenituisse dicemus, licet dominium retinuit. quid tamen, si hoc

应该注意法尔奇第法，只要可以适用它；我认为，比如赠与在通过遗嘱得以确认时应该适用该（法律）。

### D. 24，1，32，2

该诏书声称："赠与者反悔，道义上当然是正当的；继承人取消赠与之物实际上是艰难的和吝啬的，可能违背了赠与者本人的最终愿望。"

### D. 24，1，32，3

对于反悔，我们指的是最终的（决定）。因此，如果（丈夫）对妻子进行赠与，后来改变想法了，随后又终止了反悔，应该认为赠与是有效的。这样我们考虑他最终的决定，就像我们通常对遗产信托和遗赠所做的一样的，当我们提出欺诈抗辩时，他的意愿直至生命的最后一刻都可以改变。

### D. 24，1，32，4

但是一旦赠与者反悔，如果亡故者明确地撤销了（他的）意愿，我们也赋予继承人撤销的权利；但是在（亡故者意愿）不明确的情况下，法官应该倾向于确认赠与。

### D. 24，1，32，5

如果丈夫将已经赠与的物品拿去抵押，即使他还持有所有权，我们也认为他反悔了。如果他希望该物仍然是赠与物，

animo fuit, ut vellet adhuc donatum? finge in possessionem pre-
cariam mulierem remansisse paratamque esse satisfacere creditori. dicendum est donationem valere: nam et[1] si ab initio ei rem
obligatam hoc animo donasset, dicerem vim habere donationem,
ut parata satisfacere mulier haberet doli exceptionem: quin immo
et si satisfecisset, potuisse eam per doli exceptionem consequi, ut
sibi mandentur actiones.

## D. 24, 1, 32, 6

Si donator servus fuerit effectus privati, dicendum est non im-
pletam, sed peremptam donationem, quamvis morti servitus comp-
aretur: proinde et si ipsa in servitutem redigatur cui donatum est,
extincta erit donatio.

## D. 24, 1, 32, 7

Si maritus uxori donaverit et mortem sibi ob sceleris conscien-
tiam consciverit vel etiam post mortem memoria eius damnata sit,
revocabitur donatio: quamvis ea quae aliis donaverit valeant, si
non mortis causa donavit.

## D. 24, 1, 32, 8

Si miles uxori donaverit de castrensibus bonis et fuerit damnatus, quia permissum est ei de his testari (si modo impetravit ut

---

[1]    < et > , vd. Mo.   − Kr. , nt. 2.

又会怎么样呢？设想一下，如果女人处于不确定的占有状态
而且她准备对债权人履行债务，应该说该赠与有效：事实上，
即使从开始就是带着这个意图赠与她一个（因质押）受约束
的物品，我也认为赠与有效，因此，准备向（丈夫的质押债
权人）履行债务的妇女可以提出欺诈抗辩。甚至，即使她对
（债权人）履行了债务，也可以获得欺诈抗辩从而得到程序
上的保护。

### D. 24, 1, 32, 6

如果赠与者变为私人的奴隶，应该说，尽管奴役类似于
死亡，但是赠与并不是不完美的，而是变得无效；因此，即
使处于受赠者奴役之下，赠与也消灭。

### D. 24, 1, 32, 7

如果丈夫对妻子进行了赠与，且由于知道自己实施了犯
罪而自杀了，或者在他死亡之后判处销毁他的纪录的刑罚，
赠与可以撤销，尽管对其他人只要不是死因赠与都是有效的。

### D. 24, 1, 32, 8

如果一个军人从军营特有产中对妻子进行赠与，随后被
判刑，赠与有效（只要订了遗嘱，即使被判刑了），因为允

testetur cum damnaretur ), donatio valebit: nam et mortis causa donare poterit, cui testari permissum est.

## D. 24, 1, 32, 9

Quod ait oratio 'consumpsisse', sic accipere debemus, ne is, qui donationem accepit locupletior factus sit: ceterum si factus est, orationis beneficium locum habebit. sed et si non sit factus locupletior, dederit tamen tantam quantitatem eaque exstet, dicendum est, si is decessit, qui factus est locupletior, posse repetere id quod dedit nec compensare id quod consumpsit, quamvis divortio secuto haec compensatio locum habeat.

## D. 24, 1, 32, 10

Si divortium post donationem intercessit aut prior decesserit qui donum accepit, veteri iuri statur, hoc est, si maritus uxori donatum vult, valeat donatio, quod si non vult, exstinguitur: plerique enim cum bona gratia discedunt, plerique cum ira sui animi et offensa.

## D. 24, 1, 32, 11

Quid ergo, si divortium factum est, deinde matrimonium restauratur, et in divortio vel mutata est voluntas vel eadem duravit, restaurato tamen matrimonio et voluntate donatoris reconciliata an donatio duret, si constante matrimonio donator decesserit? et potest defendi valere.

许他就这些财产通过遗嘱进行安排：被允许通过遗嘱进行安排的人，也可以进行死因赠与。

### D. 24，1，32，9

诏书说到的"已经消耗"我们应该理解为接受赠与的人没有变得更加富有；另外，如果他变得更富有，则适用诏书中的优待。但是，即使（消费后）没有变得更为富有，而他给予了（前面那个赠与者）同样数量的（物品）并且赠与物还在，应该认为，如果变得更为富有的人死亡了，（另一方配偶）可以请求他给予的而不是抵销他消费的，尽管如此，在随后离婚了的情况下，应该适用该抵销。

### D. 24，1，32，10

如果赠与之后发生离婚，或者收到赠礼的人先死亡，应该遵守旧法，即，如果丈夫愿意对妻子进行赠与则赠与有效，如果丈夫不愿意则赠与消灭：一些人怀着美好的感恩而分开，一些人则带着愤怒和灵魂上的伤害而分开。

### D. 24，1，32，11

如果离婚之后又复婚，在离婚期间要么意愿发生改变要么保持不变，结果又如何呢？复婚的时候就重新获得了赠与者的意愿：如果在婚姻持续期间赠与者死亡，赠与还持续吗？应该认为有效。

## D. 24, 1, 32, 12

Quod si divortium non intercesserit, sed frivusculum, profecto valebit donatio, si frivusculum quievit.

## D. 24, 1, 32, 13

Si mulier et maritus diu seorsum quidem habitaverint, sed honorem invicem matrimonii habebant ( quod scimus interdum et inter consulares personas subsecutum ), puto donationes non valere, quasi duraverint nuptiae: non enim coitus matrimonium facit, sed maritalis affectio: si tamen donator prior decesserit, tunc donatio valebit.

## D. 24, 1, 32, 14

Si ambo ab hostibus capti sint et qui donavit et cui donatum est, quid dicimus? et prius illud volo tractare. oratio, si ante mors contigerit ei cui donatum est, nullius momenti donationem esse voluit: ergo si ambo decesserint quid dicemus, naufragio forte vel ruina vel incendio? et si quidem possit apparere, quis ante spiritum posuit, expedita est quaestio: sin vero non appareat, difficilis quaestio est. et magis puto donationem valuisse et his ex verbis orationis defendimus: ait enim oratio 'si prior vita decesserit qui donatum accepit': non videtur autem prior vita decessisse qui donatum accepit, cum simul decesserint. proinde rectissime dicetur utrasque donationes valere, si forte invicem donationibus factis

### D.24，1，32，12

但是，如果并没有离婚而是发生争执，倘若争执已经平息，赠与当然有效。

### D.24，1，32，13

如果妻子和丈夫分居很长一段时间，但是仍保持彼此对婚姻的义务（我们知道这偶尔发生在执政官阶层），我认为赠与无效，就如同婚姻仍然持续：事实上，并不是肉体上的结合构成婚姻，而是夫妻间的喜爱；但是如果赠与者先死亡，则赠与有效。

### D.24，1，32，14

如果赠与人与受赠人双双被敌人俘虏，我们如何看待呢？首先我想论述下面这个问题。如果受赠人先死，诏书认为赠与无效；如果双双死亡，比如在一次事故、倒塌或是火灾中，我们如何看待呢？如果能确定哪一方先死亡，问题就解决了；但是如果不能，问题就比较复杂。我认为更可取的是赠与有效，我们根据诏书中的下面这些话来支撑这个观点："如果收到赠与的人先死亡"，如果同时死亡，当然不会是收到赠与物的人先死亡。所以非常正确地应该认为，在（配偶）互

simul decesserint, quia neuter alteri supervixerit, licet de commo-

rientibus oratio non senserit: sed cum neuter alteri supervixerit,

donationes mutuae valebunt: nam et circa mortis causa donationes

mutuas id erat consequens dicere neutri datam condictionem: lo-

cupletes igitur heredes donationibus relinquent. secundum haec si

ambo ab hostibus simul capti sint amboque ibi decesserint non

simul, utrum captivitatis spectamus tempus, ut dicamus dona-

tiones valere, quasi simul decesserint? an neutram, quia vivis eis

finitum est matrimonium? an spectamus, uter prius decesserit, ut

in eius persona non valeat donatio? an uter rediit, ut eius valeat?

mea tamen fert opinio, ubi non reverterunt, ut tempus spectandum

sit captivitatis, quasi tunc defecerint: quod si alter redierit, eum

videri supervixisse, quia redit.

## D. 24, 1, 32, 15

Qui quasdam res ex his quas donaverat legasset, quasdam

non, non videbitur ceteras noluisse ad uxorem pertinere:

plerumque enim antea legat, postea donat: vel alia causa fuit le-

gandi.

## D. 24, 1, 32, 16

Oratio non solum virum et uxorem complectitur, sed etiam

ceteros, qui propter matrimonium donare prohibentur: ut puta do-

nat socer nurui vel contra, vel socer genero vel contra, vel cons-

ocer consocero qui copulatos matrimonio in potestate habent: nam

相赠与然后同时死亡的情况下，两个赠与都有效，因为没有幸存者，即使诏书并不是在说一起死亡的人。但是，在没有任何一个人幸存的情况下，相互赠与有效；随之，对于相互的死因赠与，两者中的任何一方都无权提起请求返还之诉；因此他们使继承人获利。根据上面所论述的，如果两个人都被敌人所俘获，应该认为跟同时死亡的情形一样，赠与是有效的吗？还是这个或那个（赠与）都无效，因为婚姻在他们都还活着的时候就结束了？或者我们看看两者中谁先死亡，这样对他的赠与无效？或者两者中的一人先回来了，这样对他的赠与有效？然而我的观点是，如果他们没有回来，应该认为从他们被俘虏的那一刻起死亡了。但是如果一个回来的，则认为他幸存了，因为他回来了。

### D. 24，1，32，15

某人遗赠（给妻子）一些物品，其中有一些之前已经赠与给她而另一些则没有，应该认为他希望其他的物品成为妻子的：多数情况下，（一个人）先进行遗赠然后进行赠与；另外，遗赠的原因是另外一个。

### D. 24，1，32，16

诏书不仅仅包括丈夫和妻子，还包括所有因婚姻而禁止赠与的其他人，例如公公对媳妇进行赠与或反之，或者岳父对女婿进行赠与或反之，或者亲家对另一方拥有结婚夫妇支配权的亲家进行赠与。根据诏书的本意，在同样的情况下允

ex mente orationis his quoque omnibus permissum est in eundem casum donare; et ita et Papinianus libro quarto responsorum sensit; sic enim scribit; socer nurui vel genero donavit; postea filius eius vel filia constante matrimonio vita decessit; quamquam vitium donationis perseveret, tamen, si socer nullam quaestionem donationibus intulit, post mortem eius contra heredes orationis sententia videtur intervenire; nam quae ratio donationem prohibuit, eadem beneficium datum implorabit. ut igitur valeat donatio ista, Papinianus exigit, ut et filius eius qui donavit ante decesserit, et socer postea durante voluntate.

## D. 24, 1, 32, 17

Si filius familias, qui castrense peculium habet vel quasi castrense, uxori donet, filii personam et mortem spectabimus.

## D. 24, 1, 32, 18

Si nurus socero donaverit, mortem nurus et perseverantem in supremam diem voluntatem spectare nos oportet. quod si socer ante decesserit, dicemus exstinctam donationem an, quia maritus vivit, si uxori suae supervixit, admittimus vim habere donationem? et si quidem maritus solus socero heres exstitit, quasi nova donatio potest servari in maritum collata, ut illa finita sit, alia coeperit; sin vero filius heres patri non est, finita erit donatio ratione nova.

许所有这些人进行赠与，帕比尼安在《解答集》第 4 卷也如此认为。他这样写道："公公对媳妇或者岳父对女婿进行赠与，随后他的儿子或者是他的女儿在婚姻存续期间死亡；即使赠与的瑕疵持续（存在），如果公公或岳父没有对赠与提出任何问题（即没有使瑕疵生效），那么在他死亡之后，（由于）诏书的规定（其出发点）是反对继承人的，出于禁止赠与同样的理由，所赋予的利益是有效的。"因此，为了使该赠与有效，帕比尼安要求（应该是在）赠与者的儿子先死亡而公公或者岳父后死亡（的情况下），以使得他的意愿得以持续。

### D. 24，1，32，17

如果拥有军营特有产或是准军营特有产的家子对妻子进行赠与，我们必须考虑儿子本人及儿子的死亡。

### D. 24，1，32，18

如果媳妇对公公进行赠与，我们必须考虑媳妇的死亡和她死亡那天所坚持的意愿。如果公公先死亡，我们认为赠与消灭；或者，由于丈夫仍然活着，如果妻子先死亡，那么我们承认允诺有效吗？如果丈夫变为公公的唯一继承人，应该认为（赠与）转移给她的丈夫，就好比是一个新的赠与，类似于一个结束另一个开始。但是，如果儿子并不是父亲的继承人，那么赠与由于一个新的原因而结束。

## D. 24, 1, 32, 19

Si socer nurui nuntium miserit, donatio erit irrita, quamvis matrimonium concordantibus viro et uxore secundum rescriptum imperatoris nostri cum patre comprobatum est: sed quod ad ipsos, inter quos donatio facta est, finitum est matrimonium.

## D. 24, 1, 32, 20

Proinde et si duo consoceri invicem donaverint, idem erit dicendum, si invitis filiis nuntium remiserint, inter ipsos irritam esse donationem. in hac autem donatione inter soceros facta mors desideranda est eius qui donavit constante matrimonio et iure potestatis durante: idemque et in his qui sunt in eorum potestate.

## D. 24, 1, 32, 21

Si consocer consocero donaverit et alter eorum vel uterque copulatos emancipaverit, debet dici donationem ad orationem non pertinere et ideo infirmari donationem.

## D. 24, 1, 32, 22

Si sponsus sponsae donaverit in tempus matrimonii collata donatione, quamvis inter virum et uxorem donatio non videatur facta et verba orationis minus sufficiant, tamen donationem dicendum est ad sententiam orationis pertinere, ut, si duraverit voluntas usque ad mortem, valeat donatio.

D. 24，1，32，19

如果公公与媳妇断绝关系，赠与无效，即使根据我们的皇帝（安东尼·卡拉卡拉）及其父亲（塞提姆·塞维鲁）的敕令，夫妻间达成一致婚姻即被确认。但是，在作出赠与的人之间，婚姻结束。

D. 24，1，32，20

因此，如果亲家之间互相赠与，应该同样地认为：如果在违背儿女本人意志的情况下单方面地解除婚姻关系，他们之间的赠与是无效的。就公公和媳妇或是岳父与女婿之间作出的赠与，应该等到赠与者死亡，且（该死亡应）发生在婚姻存续期间且支配权还在持续；处于他们支配权之下的人也适用这一规则。

D. 24，1，32，21

如果亲家对另一个亲家进行赠与，其中一人或者两人使（各自的儿女，他们两人之间是）夫妻脱离父权，应该认为赠与不（再）属于诏书中所包含的（情形），因此赠与无效。

D. 24，1，32，22

如果未婚夫对未婚妻进行赠与且该赠与自结婚起产生效力，即使这种赠与不被认为是夫妻间赠与而且诏书的语句中并没有涉及，仍然应该认为包含在诏书的规定中。这样，如果意愿一直持续到死亡，则赠与有效。

## D. 24, 1, 32, 23

Sive autem res fuit quae donata est sive obligatio remissa, potest dici donationem effectum habituram: ut puta uxori acceptum
tulit donationis causa quod debeat: potest dici pendere acceptila-
tionem non ipsam, sed effectum eius. et generaliter universae donationes, quas impediri diximus, ex oratione valebunt.

## D. 24, 1, 32, 24

Si inter virum et uxorem societas donationis causa contracta
sit, iure vulgato nulla est, nec post decretum senatus emolumentum ea liberalitas, ut actio pro socio constituatur, habere poterit:
quae tamen in commune tenuerunt fine praestituto, revocanda non
sunt. idcirco igitur pro socio actio non erit, quia nulla societas est,
quae donationis causa interponitur, nec inter ceteros et propter hoc
nec inter virum et uxorem.

## D. 24, 1, 32, 25

Idem erit dicendum et si emptio contracta sit donationis causa: nam nulla erit.

## D. 24, 1, 32, 26

Plane si minoris res venierit donationis causa vel postea pretium sit remissum, admittemus donationem valere ad senatus consultum.

### D. 24，1，32，23

某物已经被赠与或者债务已经被免除，应该说赠与将产生效力。例如，如果因为赠与，（丈夫）以庄重的形式免除了妻子对他的债务，应该认为效力待定的不是庄重的债务免除，而是它的效力。一般来说，即使我们前面说过的所有被禁止的赠与，根据诏书都产生效力。

### D. 24，1，32，24

如果夫妻之间因赠与而设立了合伙，根据通常适用的法律该合伙无效，即使元老院作出决议也不能使这一慷慨带来优待（即不能使赠与有效），也不产生合伙人之诉；但是，因商定的目的而共同持有之物不能被撤回。因此不存在合伙人之诉，因为无论是其他人之间还是夫妻之间，因赠与而设立的合伙都无效。

### D. 24，1，32，25

因赠与而购买了某物也是同样的说法：该行为无效。

### D. 24，1，32，26

当然，如果因赠与某物被低价卖出，或者随后价格被减免，我们根据元老院决议的规定承认该赠予的有效性。

## D. 24, 1, 32, 27

Si quis sponsam habuerit, deinde eandem uxorem duxerit cum non liceret, an donationes quasi in sponsalibus factae valeant, videamus. et Iulianus tractat hanc quaestionem in minore duodecim annis, si in domum quasi mariti immatura sit deducta: ait enim hanc sponsam esse, etsi uxor non sit. sed est verius, quod Labeoni videtur et a nobis et a Papiniano libro decimo quaestionum probatum est, ut, si quidem praecesserint sponsalia, durent, quamvis iam uxorem esse putet qui duxit, si vero non praecesserint, neque sponsalia esse, quoniam non fuerunt, neque nuptias, quod nuptiae esse non potuerunt. ideoque si sponsalia antecesserint, valet donatio: si minus, nulla est, quia non quasi ad extraneam, sed quasi ad uxorem fecit et ideo nec oratio locum habebit.

## D. 24, 1, 32, 28

Sed si senator libertinam desponderit vel tutor pupillam vel quis alius ex his, qui matrimonium copulare prohibentur, et duxerit, an donatio quasi in sponsalibus facta valeat? et putem etiam sponsalia inprobanda et quasi ab indignis ea quae donata sunt ablata fisco vindicari.

## D. 24, 1, 33pr. *Idem libro trigesimo sexto ad Sabinum*

Si stipulata fuerit mulier annuum, id ex stipulatu petere constante matrimonio non potest. sed si manente matrimonio decessisse

### D. 24，1，32，27

如果一名男子已有婚约，随后在法律不允许的情况下结婚，我们来看看（婚前）所作出的赠与是否跟未婚夫妇的情况下一样有效。尤里安针对未满 12 岁的未成年女子讨论这个问题，女子在男子未达到结婚年龄的时候而进入该男子家中，就好像他是她的丈夫一样，此种情况下：他声明，她即使不是妻子，也是未婚妻。更正确的是拉贝奥提出、我们赞同的观点，帕比尼安在《问题集》第 10 卷也表示赞成，即如果之前是订婚夫妇，即使（在其不到 12 岁时）将其（娶到自己家中）且已经认为是他的妻子，他们（的这种关系）持续；但是如果之前并不是未婚夫妇，没有订婚也没有举办婚礼，因为婚礼不能举行。因此，如果前面有婚约，赠与有效；否则无效，因为他作出的赠与并不像对外人作出的，而是像对妻子作出的，因此也不能适用诏书。

### D. 24，1，32，28

但是如果一位元老与一名女解放自由人，或者一位监护人与其受监护女子，或者是其他禁止缔结婚姻的人举行了订婚仪式，并且将该女子带入（到自己家中作为妻子），或许他们之间的赠予如同订婚夫妇的情形一样有效吗？我认为要重新订婚，赠与物如同给了不配的人一样要被没收并且上交国库。

### D. 24，1，33pr. 同一作者（乌尔比安）：《论萨宾》第 36 卷

如果妇女以要式口约的形式被允诺一笔年金，在婚姻持

maritus proponatur, puto, quia in annuo quoque donatio vertitur, posse dici stipulationem confirmari ex senatus consulto.

## D. 24, 1, 33, 1

Si uxor marito annuum versa vice praestiterit, restituetur ei hoc et poterit vindicare id quod exstat: credo poterit et condicere, in quantum locupletior factus est, quia non tam sollemne est annuum, quod maritus uxori pendit et quod uxor marito praestat, immo incongruens est et contra sexus naturam.

## D. 24, 1, 33, 2

Et si forte maritus ab uxore stipulatus sit id annuum decesseritque mulier constante matrimonio, dicendum erit ex oratione donationem convalescere.

## D. 24, 1, 34 *Idem libro quadragesimo tertio ad Sabinum*

Sive uxor marito res donasset isque eas in dotem pro communi filia dedisset, sive post donationem, quam in maritum contulit, uxor passa est eum pro filia in dotem dare, benigne dici potest, etsi prima donatio nullius momenti est, attamen ex sequenti consensu valere dotis dationem.

续期间她不得通过要式口约之诉进行请求。但是，如果丈夫在婚姻存续期间死亡，由于赠与也关乎年金，我认为应该说该要式口约已经得到元老院决议的确认。

D. 24，1，33，1

如果相反，妻子向丈夫支付了一笔年金，这笔钱应该返还给她，而且她可以要求归还（丈夫那里的）剩余部分。我认为她也可以就丈夫增富的部分提起请求返还之诉，因为丈夫支付妻子年金较之妻子支付丈夫年金并不是那么常见，甚至是不符合逻辑且违背性别的自然角色。

D. 24，1，33，2

如果妻子以要式口约的形式向丈夫允诺一笔年金，而妻子在婚姻存续期间去世，应该认为赠与根据诏书获得效力。

D. 24，1，34 同一作者（乌尔比安）：《论萨宾》第43 卷

无论是妻子赠与一些物品给丈夫，然后丈夫将它们作为嫁资给了他们共同的女儿，还是妇女对丈夫进行赠与之后，允许他将它们作为嫁资设立给女儿，应该善良地认为，即使前面的赠与无效，根据（妻子）随后所作出的同意，嫁资给付也是有效的。

### D. 24, 1, 35 *Idem libro trigesimo quarto ad Sabinum*

Si non secundum legitimam observationem divortium factum sit, donationes post tale divortium factae nullius momenti sunt, cum non videatur solutum matrimonium.

### D. 24, 1, 36pr. *Paulus libro trigesimo sexto ad edictum*

Si donatae res exstant, etiam vindicari poterunt: sed quia causam possidendi donatio praestitit, nisi reddatur res, aestimatio facienda est iusto pretio caverique possidenti debebit de evictione simpli, quanti ea res sit: idque etiam Pedio videtur.

### D. 24, 1, 36, 1

Sponsus alienum anulum sponsae muneri misit et post nuptias pro eo suum dedit: quidam et Nerva putant fieri eum mulieris, quia tunc factam donationem confirmare videtur, non novam inchoare, quam sententiam veram esse accepi.

### D. 24, 1, 37 *Iulianus libro septimo decimo digestorum*

Si mulier dolo fecerit, ne res exstaret sibi a marito donata, vel ad exhibendum vel damni iniuriae cum ea agi poterit, maxime si post divortium id commiserit.

### D.24，1，35 同一作者（乌尔比安）:《论告示》第34卷

如果没有根据法律规定的形式离婚，这种离婚之后所作出的赠与无效，因为并不认为婚姻已经解除。

### D.24，1，36pr. 保罗:《论告示》第36卷

如果赠与物还存在，可以请求返还；但是，由于赠与构成一种占有的原因，如果赠与物没有被返还，应该根据其真实价格进行估值，而且应该对占有人在物品的价值范围内就追夺作出担保要式口约，佩蒂奥也这么认为。

### D.24，1，36，1

如果未婚夫将一枚他人的戒指作为礼物赠送给未婚妻，举行婚礼后，他用一枚自己的戒指替代了之前的那一枚。包括内勒瓦在内的一些（法学家）认为戒指是妇女的，因为应该认为当时所作出的赠与是被确认了的，而不是进行了新的赠与。我认为这个观点是正确的。

### D.24，1，37 尤里安:《学说汇纂》第17卷

如果妇女通过欺诈使得丈夫赠与自己的物品不见了，可以依出示之诉或是依非法损害之诉对她提起诉讼，特别是她在离婚后实施该行为。

## D. 24, 1, 38pr. *Alfenus libro tertio digestorum a Paulo epitomarum*

Servus communis viri et fratris eius puerum donavit uxori fratris: pro qua parte is servus qui donasset viri esset, pro ea parte munus non esse factum mulieris respondit.

## D. 24, 1, 38, 1

Idem iuris erit, si ex tribus fratribus unus uxorem haberet et rem communem uxori donasset: nam ex tertia parte mulieris res facta non est, ex duabus autem partibus reliquis, si id scissent fratres aut posteaquam donata esset ratum habuissent, non debere mulierem reddere.

## D. 24, 1, 39 *Iulianus libro quinto ex Minicio*

Vir uxori pecuniam cum donare vellet, permisit ei, ut a debitore suo stipuletur: illa cum id fecisset, priusquam pecuniam auferret, divortium fecit: quaero, utrum vir eam summam petere debeat an ea promissione propter donationis causam actio nulla esset. respondi inanem fuisse eam stipulationem. sed si promissor mulieri ignorans solvisset, si quidem pecunia exstat, vindicare eam debitor potest: sed si actiones suas marito praestare paratus est, doli mali exceptione se tuebitur ideoque maritus hanc pecuniam debitoris nomine vindicando consequetur. sed si pecunia non exstat et mulier locupletior facta est, maritus eam petet: intellegitur enim ex re mariti locupletior facta esse mulier, quoniam debitor

### D. 24，1，38pr. 阿尔芬：《保罗学说汇纂摘要》第 3 卷

一个奴隶为丈夫及其兄弟所共有，他将一名年轻的奴隶赠与给了兄弟的妻子。（法学家）答复称，丈夫（对该年轻奴隶）占有对作出赠与的奴隶所拥有的份额，赠与物相同的（另一半）份额则不成为兄弟妻子所有。（即：丈夫和兄弟分别对该年轻奴隶占有一半所有权。）

### D. 24，1，38，1

如果三兄弟中只有一个有妻子，而且赠与给她一件他们共同所有的物品，也应该适用同样的法律：有三分之一不是妻子的；相反，如果兄弟们知晓该赠与或者赠与之后进行认可，妇女不用返还其他三分之二。

### D. 24，1，39 尤里安：《米尼求斯选集》第 5 卷

丈夫想要赠送给妻子一笔金钱，他允许他的债务人以要式口约的形式对她作出允诺。承诺之后、在收到钱之前，她离婚了。我问，丈夫是否可以请求这笔钱，或者由于该赠与允诺（妻子）没有任何诉权。我给出的答复是，该要式口约无效。但是，如果允诺者在不知情的情况下向妇女支付了该笔钱，如果钱还存在的话，债务人可以请求返还。但是，如果打算将他的诉权赋予丈夫，应该通过欺诈抗辩进行辩护，这样丈夫通过以债务人的名义请求返还而获得这笔钱。但是，如果这笔钱已经不复存在而妻子变得更加富有了，丈夫可以请求：由于债务人可以通过欺诈抗辩（在丈夫的诉讼中）进

doli mali exceptione se tueri potest.

### D. 24, 1, 40 *Ulpianus libro secundo responsorum*

Quod apiscendae dignitatis gratia ab uxore in maritum collatum
est, eatenus ratum est, quatenus dignitati supplendae opus est:

### D. 24, 1, 41 *Licinius Rufinus libro sexto regularum*

nam et imperator Antoninus constituit, ut ad processus viri
uxor ei donare possit.

### D. 24, 1, 42 *Gaius libro undecimo ad edictum provinciale*

Nuper ex indulgentia principis Antonini recepta est alia causa
donationis, quam dicimus honoris causa: ut ecce si uxor viro lati cla-
vi petenti gratia donet vel ut equestris ordinis fiat vel ludorum gratia.

### D. 24, 1, 43 *Paulus libro singulari regularum*

Inter virum et uxorem exilii causa donatio fieri potest.

### D. 24, 1, 44 *Neratius libro quinto membranarum*

Si extraneus rem viri ignorans eius esse ignoranti uxori, ac ne
viro quidem sciente eam suam esse, donaverit, mulier recte eam
usucapiet. idemque iuris erit, si is, qui in potestate viri erat, cre-
dens se patrem familias esse uxori patris donaverit. sed si vir re-
scierit suam rem esse, priusquam usucapiatur, vindicareque eam

行辩护，应该理解为妻子是因为丈夫的财产而变得更加富有。

### D. 24，1，40 乌尔比安：《解答集》第 2 卷

妻子给丈夫一些财产以获得某个职务，该（赠与）仅在设法获得该职务所需要的范围内有效。

### D. 24，1，41 利奇流斯·鲁菲诺：《规则集》第 7 卷

安东尼（比乌）皇帝也在一则谕令中规定，妻子可以因丈夫职位晋升而对他作出赠与。

### D. 24，1，42 盖尤斯：《论行省告示》第 11 卷

最近由于君主安东尼（比乌）的宽容，接受了赠与的另一种原因，即我们说所的"因职务原因"：例如，妻子对渴望成为元老的丈夫进行赠与，或者妻子为了使丈夫成为骑士阶层进行赠与，又或者为了进行公共比赛而对他进行的赠与。

### D. 24，1，43 保罗：《规则集》单卷本

夫妻之间可以因（他们中的某人）流放而进行赠与。

### D. 24，1，44 内拉蒂：《羊皮卷》第 5 卷

如果一个外人在不知情的情况下将丈夫的某物赠与给妻子，妻子也不知道该物为其丈夫所有，丈夫也不知道该物是他自己的，妻子合法地通过时效取得。如果处于丈夫支配权之下的人，认为自己是自权人，对家父的妻子进行赠与，此

poterit nec volet et hoc et mulier noverit, interrumpetur possessio, quia transiit in causam ab eo factae donationis. ipsius mulieris scientia propius est, ut nullum adquisitioni dominii eius adferat impedimentum: non enim omnimodo uxores ex bonis virorum, sed ex causa donationis ab ipsis factae adquirere prohibitae sunt.

### D. 24, 1, 45 *Ulpianus libro septimo decimo ad edictum*

Marcellus libro septimo digestorum scribit etiam si in area muliebri vir aedificaverit, quae usui sibi futura sint, posse [ 1 ] eum detrahere sine mulieris damno et citra metum senatus consulti, quod detrahentibus negotiationis causa occurrit.

### D. 24, 1, 46 *Idem libro septuagesimo secundo ad edictum*

Inter virum et uxorem nec possessionis ulla donatio est.

### D. 24, 1, 47 *Celsus libro primo digestorum*

Utrum negotium uxoris gerens an officio mariti ductus in rem eius impenderit vir, facti, non iuris est quaestio: coniectura eius rei ex modo et ex genere impensae non difficilis est.

---

[ 1 ]    < si in area muliebri vir aedificaverit, quae usui sibi futura sint, posse > , vd. Mo. – Kr. , nt. 16.

种情况下适用相同的法律。但是，如果丈夫在时效取得（该物）之前已经知道赠与物是他的，可以请求返还但是却没有如此行为，而且妻子也知道此事，那么占有中断，因为变成他所作出的赠与。更加恰当的（说法是），妻子本人的知晓并不对她取得所有权设置任何障碍，因为并不是所有的情形都禁止妻子取得丈夫的一些财产，而仅仅是在他作出赠与的情形下（禁止）。

### D. 24，1，45 乌尔比安：《论告示》第 17 卷

马尔切勒在《学说汇纂》第 7 卷中写道，如果丈夫在妻子的土地上建造了一些为他使用的建筑，在不对妇女造成损失的情况下，他可以拆除它们而不必害怕面临元老院的决议，该决议反对为了在商业上获利而拆除（建筑）。

### D. 24，1，46 同一作者（乌尔比安）：《论告示》第 32 卷

夫妻之间不能进行赠与，哪怕是对占有的赠与。

### D. 24，1，47 杰尔苏：《学说汇纂》第 1 卷

如果丈夫在为妻子管理事务的时候或者是因履行丈夫的职责而消费了她的某样物品，这是一个事实问题而不是法律问题；根据消费的范围和质量来证实这件事情并不是很难。

## D. 24, 1, 48 *Idem libro nono digestorum*

Quae iam nuptae maritus donavit, viri manent et potest ea vindicare: nec quicquam refert, quod ampla legata ab uxore ei relicta sunt.

## D. 24, 1, 49 *Marcellus libro septimo digestorum*

Sulpicius Marcello. Mulier, quae ad communem filium vole-
bat, qui in potestate patris erat, post mortem patris fundum perve-
nire, eum patri tradidit, uti post mortem restituatur filio. quaero,
an donatio tibi videatur, ut nihil agatur, an valeat quidem, sed
mulieri potestas datur, si noluerit, eum repetere respondit: si col-
or vel titulus, ut sic dixerim, donationi quaesitus est, nihil valebit
traditio, id est[ 1 ] si hoc exigit uxor, ut aliquid ex ea re interim
commodi sentiret maritus: alioquin si solo eius ministerio usa est
et id egit, ut vel revocare sibi liceret vel ut res cum omni emolumento per patrem postea ad filium transiret, cur non idem perinde
sit ratum ac si cum extraneo tale negotium contraxisset, hoc est
extraneo in hanc causam tradidisset?

## D. 24, 1, 50pr. *Iavolenus libro tertio decimo epistu-larum*

Si, cum mulier viginti servum emisset, in eam emptionem vir
quinque venditori dedit, divortio facto omnimodo vir eam summam
exiget neque ad rem pertinet, an is servus deterior factus sit: nam

---

[ 1 ]  £ idem ¤ , vd. Mo.  – Kr. , nt. 3.

### D. 24，1，48 同一作者（杰尔苏）：《学说汇纂》第 9 卷

丈夫赠与给妻子的物品仍然是丈夫的，他可以请求返还，妻子是否遗赠给他可观的遗产并不重要。

### D. 24，1，49 马尔切勒：《学说汇纂》第 7 卷

苏勒皮丘斯写给马尔切勒：一名妇女想要在她丈夫去世之后，将（她的）一块地给他们共同的、仍处于其父亲支配权之下的儿子，妻子将地（移转）交付给丈夫以便他在她死亡之后交给儿子。我问，你是否认为构成赠与，因此本身无效；或者有效，但是如果妻子不再愿意，即有权请求那块土地。（法学家）给出了答复：如果（该交付）是为了给赠与寻找到一个借口或者名义，即如果妻子希望该物同时能对丈夫有所用处，则交付无效。在相反的情况下，如果仅仅将其作为管理者使用它的活动，如此做只是为了可以合法地撤销或是使该物与其所有的用处通过其父亲随后传给儿子，为什么不能适用同样的规则，就如同与外人完成这项事务，也就是说由于这个目的而交给一个外人。

### D. 24，1，50pr. 雅沃伦：《书信集》第 13 卷

如果妇女以 20 个金币购买了一名奴隶，其中丈夫支付了 5 个金币给卖主；一旦离婚，丈夫可以请求这笔金钱，奴隶是否贬值并不重要：即使（该奴隶）死亡了，丈夫也可以要

et si mortuus esset, quinque exactio ei competeret. quaeritur enim, an mulier ex viri patrimonio locupletior sit eo tempore, quo de dote agebatur: facta autem intellegitur, quae aere alieno suo interventu viri liberata est, quod potuisset adhuc debere, si vir pecuniam non solvisset: neque enim interest, ex qua causa mulier pecuniam debuit, utrum creditam an eam quam ex emptione praestare debeat.

## D. 24, 1, 50, 1

Quod si mulier non emerat servum, sed ut emeret, a viro pecuniam accepit, tum vel mortuo vel deteriore facto servo damnum ad virum pertinebit: quia quod aliter emptura non fuit, nisi pecuniam a viro accepisset, hoc consumptum ei perit qui donavit, si modo in rerum natura esse desiit: nec videtur mulier locupletior esse, quae neque a creditore suo liberata est neque id possidet quod ex pecunia viri emerat.

## D. 24, 1, 51 *Pomponius libro quinto ad Quintum Mucium*

Quintus Mucius ait, cum in controversiam venit, unde ad mulierem quid pervenerit, et verius et honestius est quod non demonstratur unde habeat existimari a viro aut qui in potestate eius esset ad eam pervenisse. evitandae autem turpis quaestus quaestionis gratia[1] circa uxorem hoc videtur Quintus Mucius probasse.

---

[1]  £ evitandi autem turpis quaestus gratia ¤ , vd. Mo.  – Kr. , nt. 12.

求（返还）5 个金币。事实上，在妇女提起嫁资之诉的时候，应该调查她是否从丈夫的财产中获利。此外，应该认为她变得（更富有了），因为由于丈夫的介入，她从一笔债务中解脱出来，如果丈夫没有投入金币的话她可能还是债务人；因为何种原因妻子应该给付金钱，是借入的金钱还是为了一桩买卖而应该付款，没有区别。

### D. 24，1，50，1

相反，如果妇女没有购买奴隶，但是从丈夫那儿收到一笔钱用来购买奴隶，随后奴隶死亡或者贬值，损失归丈夫，因为她如果没有从丈夫那儿获得（赠与的）钱就不会购买（奴隶），一旦消费了，永远停止存在于万物之间，则赠与人承担损失。不应该认为该妇女获利，因为她既没有从债务人那儿得以解脱，也没有拥有她用丈夫的钱所购买的物品。

### D. 24，1，51 彭波尼：《论昆图·穆齐》第 5 卷

昆图·穆齐声称，当诉讼纠纷的客体是妻子手中之物从何而来时，更正确和更正直的说法是，如果不能证明物品从何而来，则认为来自其丈夫或是对她具有支配权的人。应该认为昆图·穆齐赞成此种观点，因为这关系到妻子，从而避免调查一份不光彩的收入。

### D. 24, 1, 52pr. *Papinianus libro decimo quaestionum*

Si vir uxori donationis causa rem vilius locaverit, locatio nulla est: cum autem depositum inter eas personas minoris donationis causa aestimatur, depositum est. haec ideo tam varie, quia locatio quidem sine mercede certa contrahi non potest, depositum autem et citra aestimationem quoque dari potest.

### D. 24, 1, 52, 1

Uxor viro fructum fundi ab herede suo dari, quod si datus non fuisset, certam pecuniam mortis causa promitti curavit: defuncto viro viva muliere stipulatio solvitur, ut traditio, quae mandante uxore mortis causa facta est: nam quo casu inter exteros condictio nascitur, inter maritos nihil agitur.

### D. 24, 1, 53pr. *Idem libro quarto responsorum*

Mortis suae causa genero vel nurui socerum frustra donare convenit, quia mortuo socero nuptiae non solvuntur: nec interest, an pater filium vel filiam exheredaverit. divortii species eadem ratione diversa est.

### D. 24, 1, 53, 1

Res in dotem aestimatas consentiente viro mulier in usu habuit: usu deteriores si fiant, damni compensatio non admittitur. easdem res non potest mulier sibi quasi donatas defendere ex

**D. 24，1，52pr. 帕比尼安：《问题集》第 10 卷**

如果丈夫因赠与而以非常少的钱将某物租给妻子，则租赁无效；相反，这些人之间因为赠与而对积存之物以低于它本身的价值进行了估价之时，寄存有效。它们的不同点在于，没有一定租金无法缔结一个租赁，但是物品不经估价也可以寄存。

**D. 24，1，52，1**

妻子要求自己的继承人将某处田地的收成交给丈夫，如果没有给付，则以要式口约的形式就死因承诺一笔金钱。丈夫在妻子还活着的时候去世了，该要式口约解除，如同受妻子的委托，由于死因而作出的（移转）交付：实际上，在外人之间产生请求返还之诉，而夫妻之间没有效力。

**D. 24，1，53pr. 同一作者（帕比尼安）：《解答集》第 4 卷**

通说认为，岳父或公公由于死因而对女婿或是媳妇进行赠与是无意义的，因为岳父或公公死亡后，（子女的）婚姻并不解除；（他作为）父亲是否剥夺了儿子或女儿的继承权并不重要。因离婚（而进行赠与）的情形则不同也是基于同样的理由。

**D. 24，1，53，1**

妇女在经丈夫同意后使用了估价后的嫁资物品，如果因为使用而导致（嫁资物）发生贬值，不允许（在嫁资之诉

illis verbis, quibus donationes ei a viro legatae sunt, cum eiusmo-
di species neque donari neque auferri videntur.

### D. 24, 1, 54 *Idem libro octavo responsorum*

Vir usuras promissae dotis in stipulatum deduxerat easque
non petierat: cum per omne tempus matrimonii sumptibus suis uxorem et eius familiam vir exhiberet, dote praelegata, sed et donationibus verbis fideicommissi confirmatis legato quidem dotis
usuras non contineri videbatur, sed titulo donationis remissas.

### D. 24, 1, 55 *Paulus libro sexto quaestionum*

Uxor marito suo pecuniam donavit: maritus ex pecunia sibi
donata aut mobilem aut soli rem comparavit: solvendo non est et
res extat [1]: quaero, si mulier revocet donationem, an utiliter
condicticia experiatur? videtur enim maritus, quamvis solvendo
non sit, ex donatione locupletior effectus, cum pecunia mulieris
comparata exstet. respondi: locupletiorem esse ex donatione negari
non potest: non enim quaerimus, quid deducto aere alieno liberum habeat, sed quid ex re mulieris possideat. solo enim separatur
hic ab eo, cui res donata est, quod ibi res mulieris permanet et
vindicari directo potest: nec [2] erit deterior causa viri, si ei pecunia quatenus res valet, non ultra id tamen quod donatum est,

---

[1]   £ extant ¤ , vd. Mo. – Kr. , nt. 19.
[2]   £ et ¤ , vd. Mo. – Kr. , nt. 23.

中）抵销损失。该妇女不能根据丈夫将这些赠与遗赠给她的言语而请求这些物品，就好像这些物品已经赠与给她一样，因为并不认为这些东西被赠与了或是被剥夺了。

### D.24，1，54 同一作者（帕比尼安）：《解答集》第8卷

某丈夫以要式口约的形式被允诺所允诺嫁资的利息，而他没有请求。由于整个婚姻期间丈夫都以自己的费用供养妻子及她的奴隶，并且将嫁资留下作为遗赠，同时以遗产信托的表达方式确认了一些赠与，应该认为在对嫁资的遗赠中不包括那些利息，而是它们以赠与的名义得以免除。

### D.24，1，55 保罗：《问题集》第7卷

妻子赠与给丈夫一些钱；丈夫用赠给他的钱购买了一件动产或者不动产；他无法清偿且东西还存在。我问，在妻子撤销赠予的情况下，是否可以提起请求返还之诉。应该考虑到，虽然无法清偿，但是丈夫因赠与而获利，因为以妻子的钱购买的东西还存在。我给出的答复是：根据赠与，不能否认丈夫变得更为富有了；我们不调查扣除债务后还剩下什么，而是还占有妻子的什么财产。与被赠与某物有所不同的是，在后一情况中，东西还是妻子的，可以直接请求返还。如果对他提起请求返还之诉请求该物所对应的价值，而不超过他

condicatur, quam si dotis iudicio conveniatur. sed nihil prohibet etiam in rem utilem mulieri in ipsas res accommodare.

### D. 24, 1, 56 *Scaevola libro tertio quaestionum*

Si quod quis [ 1 ] mihi mortis causa donare vellet, ego pure uxori donare vellem, non valet quod uxori iubeo dari, quia illo convalescente condictione teneor, mortuo autem nihilo minus pauperior sum: non enim habeo quod habiturus essem.

### D. 24, 1, 57 *Paulus libro septimo responsorum*

Ea, quae a marito suo pecuniam ex causa donationis acceperat, litteras ad eum misit huiusmodi: 'cum petenti mihi a te, domine carissime, adnuerit indulgentia tua viginti ad expediendas quasdam res meas, quae summa mihi numerata est sub ea condicione, ut, si per me meosque mores quid steterit, quo minus in diem vitae nostrae matrimonium permaneat, sive invito te discessero de domo tua vel repudium tibi sine ulla querella misero divortiumque factum per me probabitur, tunc viginti, quae mihi hac die donationis causa dare voluisti, daturam restituturam me sine ulla dilatione: spondeo' . quaero an, si eadem Titio marito suo repudium miserit, pecuniam restituere debeat. Paulus respondit pecuniam, quam vir uxori donavit, ex stipulatione proposita, si condicio eius exstitit, peti posse, quoniam ex donatione in pecuniam

---

[ 1 ]   < quis > , vd. Mo.  – Kr. , nt. 24.

所被赠与的部分，较之被提起嫁资之诉，丈夫的状况没有变得更坏。但是，就物本身妇女指定一个适于她的扩用诉讼没有任何障碍。

### D. 24，1，56 谢沃拉：《问题集》第 3 卷

如果某人想由于死因对我进行赠与，我想将赠与物不附任何条件地赠与给我的妻子，我想对妻子赠与的部分无效，因为，如果他康复，我将被提起请求返还之诉；但是如果他死亡，我则变得更为贫穷。我不会拥有我本将拥有的东西。

### D. 24，1，57 保罗：《解答集》第 7 卷

某妇女收到丈夫赠与给她的一笔钱，给丈夫发出如下一封信："我最亲爱的先生，根据我的请求，你的宽容允许给我 20 个金币来安排我的事情，你用现钱支付给我并附条件：如果因为我或者我的恶习而导致婚姻无法延续到我们生命结束的那一天，或者未经你的同意离弃你的家，或者毫无理由地提出离婚且被证明离婚是因为我的过错导致，那么这些天你赠与给我的 20 个金币，我毫不拖延地返还给你：我庄重地允诺（这些）"。我问，如果她向其丈夫提图斯提出离婚，是否应该返还金钱。保罗给出答复，如果满足（附加）条件，则丈夫根据提议的要式口约所赠与的钱可以被请求（返还），

creditam conversa est: quod si stipulatio commissa non probetur, tunc tantum peti posse, quanto locupletior ex ea donatione facta probetur.

## D. 24, 1, 58pr. *Scaevola libro secundo responsorum*

Si praedia et mancipia Seiae data effecta sint eius tempore concubinatus ac postea tempore matrimonii aliis acceptis reddita sunt, quid iuris est? respondit secundum ea quae proponerentur negotium potius gestum videri, quam donationem intervenisse.

## D. 24, 1, 58, 1

Item cum quaereretur de cibariis mancipiorum, respondit: tempore quidem concubinatus data cibaria repeti non possunt, sed nec tempore matrimonii, si ea mancipia uxoris in communi usu fuerint.

## D. 24, 1, 58, 2

Filius rebus matris intervenire solitus pecunia matris consentiente ipsa mancipia et res mercatus emptionum instrumenta suo nomine confecit: decessit in patris potestate. quaesitum est, an mater cum marito suo experiri et qua actione uti possit. respondit, si mater obligatum filium in ea pecunia voluit esse, intra annum, quam filius decessit, de peculio cum patre, in cuius potestate fuisse proponatur, actionem habere: si donavit, repeti posse, quanto locupletior ex ea donatione pater factus est.

因为赠与转换为借出的钱。在无法证明要式口约生效（因为满足了附加条件）的情况下，可以请求妇女因为该赠与的效力而变得更加富有的部分。

### D. 24，1，58pr. 谢沃拉：《解答集》第 2 卷

如果姘居期间给塞娅的田宅和奴隶成为她的，然后在婚姻期间将它们返还（给他）而收到其他的（田宅和奴隶），这种情况下应该适用什么法律？（法学家）给出的答复是，根据所提供的情况，应该认为是管理（交易）事务而不是被赠与。

### D. 24，1，58，1

同样地，问到奴隶的食物，给出的答复是：如果妻子的这些奴隶被共同使用，则姘居期间所给的食物不能被请求，婚姻期间的也不能。

### D. 24，1，58，2

一个儿子习惯于插手其母亲的事务，在经母亲同意的情况下用她的钱购买了一些奴隶和一些物品，并以自己的名义签订了买卖合同；然后在处于家父权下时死亡了。问，其母亲是否可以对其丈夫提起诉讼以及提起什么诉讼。（法学家）作出答复，如果母亲想要儿子就这笔钱（对她）承担责任，儿子死亡 1 年内在其特有产范围内拥有对其父亲提起诉讼的权利，儿子曾经处于他的家父权之下；相反，如果赠与（这笔钱给处于家父权之下的儿子），可以请求（返还）父亲因赠与而获利的部分。

## D. 24, 1, 59 *Paulus libro secundo sententiarum*

Si quis uxori ea condicione donavit, ut quod donavit in dotem accipiat, defuncto eo donatio convalescit.

## D. 24, 1, 60pr. *Hermogenianus libro secundo iuris epitomarum*

Vitricus et privignus invicem sibi donare praetexto matrimonii non prohibentur.

## D. 24, 1, 60, 1

Divortii causa donationes inter virum et uxorem concessae sunt: saepe enim evenit, uti propter sacerdotium vel etiam sterilitatem,

## D. 24, 1, 61 *Gaius libro undecimo ad edictum provinciale*

vel senectutem aut valetudinem aut militiam satis commode retineri matrimonium non possit:

## D. 24, 1, 62pr. *Hermogenianus libro secundo iuris epitomarum*

et ideo bona gratia matrimonium dissolvitur.

## D. 24, 1, 62, 1

Divortio facto nec instaurato matrimonio non confirmabitur inter virum et uxorem facta donatio: nec inter patronum et libertam,

**D. 24，1，59 保罗：《意见集》第 2 卷**

如果某人对妻子进行赠与，并附条件所赠之物她将作为嫁资接受，在他死亡之后赠与生效。

**D. 24，1，60pr. 赫尔莫杰尼安：《法学概要》第 2 卷**

婚姻之际继父与继子之间的相互赠与并不禁止。

**D. 24，1，60，1**

允许夫妻间因离婚的赠与，因为经常发生在（丈夫）进入神职或者不生育的情况中。

**D. 24，1，61 盖尤斯：《论行省告示》第 11 卷**

或者是婚姻因年老、疾病或者是军役无法适当地持续。

**D. 24，1，62pr. 赫尔莫杰尼安：《法学概要》第 2 卷**

这样带着友善解除婚姻。

**D. 24，1，62，1**

如果离婚后婚姻状况没有更新，夫妻之间作出的赠与不保留效力；如果庇主与女解放自由人之间发生离婚，而（女

si ab eo invito divertere non licet, facta donatio separatur, cum inter hos divortium intercedat. perinde enim id quod donatum est habetur divortio intercedente ac si donatum non fuisset.

## D. 24, 1, 63 *Paulus libro tertio ad Neratium*

De eo, quod uxoris in aedificium viri ita coniunctum est, ut detractum alicuius usus esse possit, dicendum est agi posse, quia alia[1] nulla actio est, ex lege duodecim tabularum, quamvis decemviros non sit credibile de his sensisse, quorum voluntate res eorum in alienum aedificium coniunctae essent. Paulus notat: sed in hoc solum agi potest, ut sola vindicatio soluta re competat mulieri, non in duplum ex lege duodecim tabularum: neque enim furtivum est, quod sciente domino inclusum est.

## D. 24, 1, 64 *Iavolenus libro sexto ex posterioribus Labeonis*

Vir mulieri divortio facto quaedam idcirco dederat, ut ad se reverteretur: mulier reversa erat, deinde divortium fecerat. Labeo: Trebatius inter Terentiam et Maecenatem respondit si verum divortium fuisset, ratam esse donationem, si simulatum, contra. sed verum est, quod Proculus et Caecilius putant, tunc verum esse divortium et valere donationem divortii causa factam, si aliae nuptiae insecutae sunt aut tam longo tempore vidua fuisset, ut dubium

---

[1]    < alia >, vd. Mo. – Kr., nt. 4.

自由人）未得到庇主同意，他们之间的赠与也同样不保留效力：在离婚的情况下，被赠与的物品如同并没有给付。

### D. 24，1，63 保罗：《论内拉蒂》第 3 卷

妻子的物质被混合到丈夫的建筑里，这样，如果分离出来可能别有用处，应该认为可以根据《十二表法》提起诉讼，因为没有别的诉讼；让人无法相信的是，《十二表法》旨在谈论那些根据他们的意愿（而使）自己的东西被混合到他人的建筑里的人。保罗注解道：但是仅在这样一种意义上可以提起诉讼，即一旦该物分离出来，妻子仅仅可以要求归还，而不是根据《十二表法》（要求）双倍价值：因为混合之物并不是偷来的，而是所有权人知晓的。

### D. 24，1，64 雅沃伦：《拉贝奥遗作摘录》第 7 卷

离婚后，丈夫给妻子一些物品以便让她回到自己身边。妻子回来了，随后离婚。拉贝奥：特雷巴提乌斯对特伦齐亚和梅琴拉特姆（一案）给出答复：如果离婚是真实的，赠与有效；如果离婚是虚假的，则相反。但是，普罗库勒和切齐留斯的观点是正确的，即仅仅在随后缔结了另外的婚姻的情况下，离婚是真实的且因离婚而作出的赠与有效；或者如果

non foret alterum esse matrimonium: alias nec donationem ullius
esse momenti futuram.

## D. 24, 1, 65 *Labeo libro sexto posteriorum a lavoleno epitomatorum*

Quod vir ei, quae nondum viripotens nupserit, donaverit, ratum futurum existimo.

## D. 24, 1, 66pr. *Scaevola libro nono digestorum*

Seia Sempronio cum certa die nuptura esset, antequam domum deduceretur tabulaeque dotis signarentur, donavit tot aureos: quaero, an ea donatio rata sit. respondit[1] non attinuisse tempus, an antequam domum deduceretur, donatio facta esset, aut tabularum consignatarum, quae plerumque et post contractum matrimonium fierent, in quaerendo exprimi: itaque nisi ante matrimonium contractum, quod consensu intellegitur, donatio facta esset, non valere.

## D. 24, 1, 66, 1

Virgini in hortos deductae ante diem tertium quam ibi nuptiae fierent, cum in separata diaeta ab eo esset, die nuptiarum, priusquam ad eum transiret et priusquam aqua et igni acciperetur, id

---

[1]    < respondit > , vd. Mo.  – Kr. , nt. 11.

（女人）单独生活了很长一段时间，以至于毫无疑问（接下来）会是另一桩婚姻；否则赠与不发生任何效力。

### D.24，1，65 拉贝奥：《雅沃伦遗作摘录》第 7 卷

丈夫对与其结婚的非适婚人作出的赠与，我认为是有效的。

### D.24，1，66pr. 谢沃拉：《学说汇纂》第 9 卷

塞雅应与塞姆普罗尼奥在已确定的结婚之日完婚，在嫁入（他家）及签署嫁资文书之前，赠与给他一笔确定数额的金币。我问，该赠与是否有效。（法学家）给出的答复是，在问题中指出赠与的时刻，即是在其入嫁之前还是封存文书之前并不重要，因为大多时候发生在婚姻缔结之后；这样，如果赠与不是在婚姻缔结之前，这里指的是来自合意的婚姻，那么赠与无效。

### D.24，1，66，1

在举办婚礼前三天，一名处女被带到（男子家中的）花园，身处单独于该男子的住所中，在接受水火仪式成为男子的女人之前，也就是举办婚礼之前，未婚夫赠与给她 10 块金

est nuptiae celebrentur, optulit decem aureos dono: quaesitum est, post nuptias contractas divortio facto an summa donata repeti possit. respondit id, quod ante nuptias donatum proponeretur, non posse de dote deduci.

### D. 24, 1, 67 *Labeo libro secundo pithanon a Paulo epitomatorum*

Si uxor nummis a viro aut ab eo qui in eius potestate esset sibi donatis servum emerit, deinde cum eius factus fuerit, eum ipsum donationis causa viro tradiderit, rata erit traditio, quamvis ea mente facta fuerit qua ceterae donationes, neque ulla actio eius nomine dari potest.

币。问：在缔结婚姻之后离婚，是否可以索回赠与的金币。（法官）给出的答复是，不能从嫁资中扣除婚前所确定的赠与。

### D.24，1，67 拉贝奥：《保罗摘录的值得相信的观点》第2卷

如果妻子用丈夫或是丈夫支配权之下的某人所赠与的金钱购买了一名奴隶，随后该奴隶变为她的（财产），并因赠与（通过移转）将其交给丈夫，交付是有效的，即使与作出其他所有赠与的意图相同，也不能就此提起任何诉讼。

# II   De divortiis et repudiis

### D. 24, 2, 1 *Paulus libro trigesimo quinto ad edictum*

Dirimitur matrimonium divortio morte captivitate vel alia contingente servitute utrius eorum.

### D. 24, 2, 2pr. *Gaius libro undecimo ad edictum provinciale*

Divortium autem vel a diversitate mentium dictum est vel quia in diversas partes eunt, qui distrahunt matrimonium.

### D. 24, 2, 2, 1

In repudiis autem, id est renuntiatione comprobata sunt haec verba: 'tuas res tibi habeto', item haec: 'tuas res tibi agito'.

### D. 24, 2, 2, 2

In sponsalibus quoque discutiendis placuit renuntiationem intervenire oportere: in qua re haec verba probata sunt: 'condicione tua non utor'.

# 第二章
# 关于离婚或片面地解除婚姻关系

**D. 24，2，1 保罗：《论敕令》第 35 卷**

婚姻因离婚、死亡、（战争）被俘或者被奴役而解除。

**D. 24，2，2pr. 盖尤斯：《论行省告示》第 11 卷**

离婚，如此谓之或是因为思考方式的分歧，或是因为解除婚姻的人各奔东西。

**D. 24，2，2，1**

单方面提出离婚时，即在要求解除婚姻关系的声明中，使用如下语句："拿着你的物品"，以及同样地："把你的物品带走。"

**D. 24，2，2，2**

解除婚约时也应该有意愿的表述；其中应该使用如下语句："我不接受你婚约的条件。"

## D. 24, 2, 2, 3

Sive autem ipsi praesenti renuntietur sive absenti per eum, qui in potestate eius sit cuiusve is eave in potestate sit, nihil interest.

## D. 24, 2, 3 *Paulus libro trigesimo quinto ad edictum*

Divortium non est nisi verum, quod animo perpetuam constituendi dissensionem fit. itaque quidquid in calore iracundiae vel fit vel dicitur, non prius ratum est, quam si perseverantia apparuit iudicium animi fuisse: ideoque per calorem misso repudio si brevi reversa uxor est, nec divortisse videtur.

## D. 24, 2, 4 *Ulpianus libro vicesimo sexto ad Sabinum*

Iulianus libro octavo decimo digestorum quaerit, an furiosa repudium mittere vel repudiari possit. et scribit furiosam repudiari posse, quia ignorantis loco habetur: repudiare autem non posse neque ipsam propter dementiam neque curatorem eius, patrem tamen eius nuntium mittere posse. quod non tractaret de repudio, nisi constaret retineri matrimonium: quae sententia mihi videtur vera.

## D. 24, 2, 5 *Idem libro trigesimo quarto ad edictum*

Si filia emancipata idcirco diverterat, ut maritum lucro dotis adficiat, patrem fraudet, qui profecticiam dotem potuit petere, si constante matrimonio decessisset, ideo patri succurrendum est, ne

### D. 24，2，2，3

对方在场的情况下或是缺席的情况下，意愿通过在其支配权之下的人或者是拥有其支配权的人表达并无二致。

### D. 24，2，3 保罗：《论告示》第 35 卷

如果并不是真心的，即并没有永久分开的意图，则不是离婚。因此，在坚定得表现为一种灵魂上的决定之前，任何生气激动时所作的事情或者所说的话都是无效的：因此，妇女一气之下单方面地提出离婚、经过短暂的时间后又回到（丈夫的身边）并不被认为是离婚。

### D. 24，2，4 乌尔比安：《论萨宾》第 26 卷

尤里安在《学说汇纂》第 18 卷，提出了女精神病患者是否能单方面地要求解除或者被解除婚姻关系的问题。他写道：女精神病患者可以单方面地被离婚，因她被视为无意识的人，但因为她的精神失常，她本人或是她的保佐人都不能片面地解除婚姻关系；相反，她的父亲可以提出（离婚）。然而，若不是他认为（尽管她精神失常）婚姻仍然存续，（尤里安）不会讨论单方面地解除婚姻（这一问题），我觉得这一观点是正确的。

### D. 24，2，5 乌尔比安 :《论告示》第 34 卷

如果一个脱离父权的女儿为了使其丈夫获得嫁资（从而）欺骗自己的父亲而离婚，如果女儿在婚姻期间死亡，父亲可以请求（返还）来自于其财产的嫁资，应该救济其父亲，

dotem perdat: non enim minus patri quam marito succurrere praetorem oportet. danda igitur est ei dotis exactio, atque si constante
matrimonio decessisset filia.

### D. 24, 2, 6 *Iulianus libro sexagesimo secundo di-gestorum*

Uxores eorum, qui in hostium potestate pervenerunt, possunt
videri nuptarum locum retinere eo solo, quod alii temere nubere
non possunt. et generaliter definiendum est, donec certum est
maritum vivere in captivitate constitutum, nullam habere licentiam
uxores eorum migrare ad aliud matrimonium, nisi mallent ipsae
mulieres causam repudii praestare. sin autem in incerto est, an vi-
vus apud hostes teneatur vel morte praeventus, tunc, si quinquennium a tempore captivitatis excesserit, licentiam habet mulier ad
alias migrare nuptias, ita tamen, ut bona gratia dissolutum videatur pristinum matrimonium et unusquisque suum ius habeat immi-
nutum: eodem iure et in marito in civitate degente et uxore captiva
observando.

### D. 24, 2, 7 *Papinianus libro primo de adulteriis*

Si paenituit eum, qui libellum tradendum divortii dedit,
isque per ignorantiam mutatae voluntatis oblatus est, durare matrimonium dicendum, nisi paenitentia cognita is qui accepit ipse
voluit matrimonium dissolvere: tunc enim per eum qui accepit solvitur matrimonium.

使其不丧失嫁资：执法官有义务对父亲提供不低于其对丈夫提供的保护。应该赋予这位父亲诉权以收回嫁资。

### D.24，2，6 尤里安：《学说汇纂》第72卷

可以认为被敌人俘获者的妻子还保留已婚妇女的状态，因为他们不能轻易地再婚。一般应该作出如此规定：只要确定被俘丈夫还活着，妻子没有权利再婚，除非妻子提供一个单方面解除婚姻关系的理由。相反，如果不确定（丈夫）在敌人那是活着还是已经死亡，那么，自被俘起经过五年之后，女人有权再婚。然而，这样前一段婚姻被认为已经完全解除，（夫妻）任何一方都不在法律状态上受损；在丈夫是自由的但妻子被俘的情况下应遵守同样的法律。

### D.24，2，7 帕比尼安：《论通奸》第1卷

如果（夫妻一方）发出了要交付的离婚文书（给另一方）然后又反悔了，该文书在并不知道意志发生变化的情况下被交付，应该说婚姻仍然是持续的，除非收到的（那一方）知道了悔意仍然想要解除婚姻；在这种情况下，婚姻由先收到（文书）的人而解除。

## D. 24, 2, 8 *Idem libro secundo de adulteriis*

Divus Hadrianus eum, qui alienam uxorem ex itinere domum suam duxisset et inde marito eius repudium misisset, in triennium relegavit.

## D. 24, 2, 9 *Paulus libro secundo de adulteriis*

Nullum divortium ratum est nisi septem civibus Romanis puberibus adhibitis praeter libertum eius qui divortium faciet. libertum accipiemus etiam eum, qui a patre avo proavo et ceteris susum versum manumissus sit.

## D. 24, 2, 10 *Modestinus libro primo regularum*

Patrono invito liberta, quam in matrimonio habuit, ab eo discedere non potest, nisi ex causa fideicommissi manumissa sit: tunc enim potest, licet eius fit liberta.

## D. 24, 2, 11 pr. *Ulpianus libro tertio ad legem Iuliam et Papiam*

Quod ait lex: 'divortii faciendi potestas libertae, quae nupta est patrono, ne esto', non infectum videtur effecisse divortium, quod iure civili dissolvere solet matrimonium. quare constare matrimonium dicere non possumus, cum sit separatum. denique scribit Iulianus de dote hanc actionem non habere. merito igitur, quamdiu patronus eius eam uxorem suam esse vult, cum nullo alio conubium ei est nam quia intellexit legis lator facto libertae quasi diremptum

### D. 24，2，8 同一作者（帕比尼安）：《论通奸》第2卷

某男在旅行中将他人之妻带回自己家中，她在那里向其丈夫单方面提出离婚。哈德良皇帝判处该男子流逐三年。

### D. 24，2，9 保罗：《论通奸》第2卷

（如果女人处于丈夫的支配权之下），除非有7名罗马市民适婚人作为（证人），否则任何离婚都无效，不考虑提出离婚的人的解放自由人。我们说的解放自由人指的是被父亲、祖父、曾祖父和其他的前辈解放的人。

### D. 24，2，10 莫德斯丁：《规则集》第1卷

与庇主结婚的女解放自由人不能在违背庇主意志的情况下与其离婚，除非她根据一个遗产信托而被（庇主）解放：在这种情况下，即使作为他的解放自由人，也可以如此为之。

### D. 24，2，11pr. 乌尔比安：《论尤里安及帕比亚法》第3卷

法律所规定的"与庇主结婚的自由人，没有权利离婚"，并不意味着使那些通常根据市民法解除婚姻的离婚无效。因此，我们不能说如果分居了婚姻还持续。尤里安还写道，她不能提起嫁资之诉。因此，她当然没有权利在她的庇主仍然希望她是他妻子的期间内与另一个人缔结合法婚姻。因为立法者认为如果婚姻因女解放自由人的行为以某种方式而解除，则剥夺她与其他人缔结合法婚姻的权利。因此，无论她与谁

matrimonium, detraxit ei cum alio conubium. quare cuicumque nupserit, pro non nupta habebitur. Iulianus quidem amplius putat nec in concubinatu eam alterius patroni esse posse.

## D. 24, 2, 11, 1

Ait lex: 'quamdiu patronus eam uxorem esse volet'. et velle debet uxorem esse et patronus durare: si igitur aut patronus esse aut velle desierit, finita est legis auctoritas.

## D. 24, 2, 11, 2

Illud rectissime placuit, qualiquali voluntate intellegi possit patronus animum habere desisse quasi in uxorem, finiri legis huius beneficium. proinde cum patronus rerum amotarum cum liberta, quae ab invito eo divorterat, vellet experiri, imperator noster cum divo patre suo rescripsit intellegi eum hoc ipso nolle nuptam sibi, qui eam actionem vel aliam inportet, quae non solet nisi ex divortio oriri. quare si accusare eam adulterii coeperit vel alio crimine postulare, quod uxori nemo obicit, magis est, ut diremptum sit matrimonium: etenim meminisse oportet ideo adimi cum alio conubium, quia patronus sibi nuptam cupit. ubicumque igitur vel tenuis intellectus videri potest nolentis nuptam, dicendum est iam incipere libertae cum alio esse conubium. proinde si patronus sibi desponderit aliam vel destinaverit vel matrimonium alterius appetierit, credendus est nolle hanc nuptam: et si concubinam sibi adhibuerit, idem erit probandum.

结婚，都认为她没有结婚。尤里安还进一步地认为女解放自由人也不能与自己其他的庇主同居。

### D. 24，2，11，1

法律规定："庇主希望她是他的妻子的期间内。"庇主必须想要她是（他的）妻子且一直拥有庇主资格；因此，如果不再是庇主或者不再想要她（作为妻子），则终止这一法律的权威性（禁止）。

### D. 24，2，11，2

这样是非常正确的：即如果可能从任何行为中推断出庇主有不再想要她作妻子的意愿，法律（赋予他）的这一照顾就没有了。随后，我们的皇帝（安东尼·卡拉卡拉）以及他的神君父亲（塞提姆·塞维鲁）通过敕令规定，如果庇主想对违背他意志离婚的女解放自由人提起剥夺财产的诉讼，应该推断他不再想将该妇女挽留在婚姻中，因为他提起了这样或那样的只有在离婚中才会产生的诉讼。更何况，如果他开始控告她通奸或者其他任何人都不会控告妻子的其他罪行，则婚姻已然破裂；另外还要注意，妇女被剥夺了与其他人缔结合法婚姻的权利，因为庇主想留她作为妻子。因此，一旦可以察觉（庇主）哪怕是有一点点细微的不想其作为妻子的征兆，应该承认女解放自由人拥有与其他人缔结合法婚姻的权利。因此，如果庇主允诺与她人结婚、确定她人作为未婚妻或者表达了想与她人缔结婚姻的愿望，则应该不再想要她作为妻子；如果他开始了与她人的姘居关系，也同样适用。

# III   Soluto matrimonio dos quemadmodum petatur

### D. 24, 3, 1 *Pomponius libro quinto decimo ad Sabinum*

Dotium causa semper et ubique praecipua est: nam et publice interest dotes mulieribus conservari, cum dotatas esse feminas ad subolem procreandam replendamque liberis civitatem maxime sit necessarium.

### D. 24, 3, 2pr. *Ulpianus libro trigesimo quinto ad Sabinum*

Soluto matrimonio solvi mulieri dos debet. nec cogitur maritus alii eam ab initio stipulanti promittere, nisi hoc ei nihil nocet: nam si incommodum aliquod maritus suspectum habet, non debere eum cogi alii quam uxori promittere dicendum est. haec si sui iuris mulier est.

### D. 24, 3, 2, 1

Quod si in patris potestate est et dos ab eo profecta sit, ipsius

# 第三章
# 解除婚姻关系后以何种方式请求返还嫁资？

### D. 24，3，1 彭波尼：《论萨宾》第 15 卷

无论何时何地，嫁资的依据总是最首要的理由：事实上，妇女的嫁资受到保护也关乎公共利益，因为妇女拥有充足的嫁资以便繁衍后代和增加城市人口是非常必要的。

### D. 24，3，2pr. 乌尔比安：《论萨宾》第 35 卷

解除婚姻后，应当向前妻返还嫁资。丈夫不能被迫在起初（即结婚之时）就以要式口约的形式向他人作出允诺（返还嫁资），除非这样做对妻子没有任何损害：事实上，如果该丈夫怀疑（对妻子的利益）存在损害，就不应被强迫向除妻子外的其他人作出（返还嫁资）的允诺。这是在妇女作为自权人的情况下。

### D. 24，3，2，1

如果她是处于父权之下的（家女）且嫁资来自他父亲的财产，则嫁资属于父亲和女儿；因此，如果没有女儿的同意，

et filiae dos est; denique pater non aliter quam ex voluntate filiae petere dotem nec per se nec per procuratorem potest. sic ergo et promittendum Sabinus ait. ei ergo promittendum erit, cui uterque iusserit. ceterum si pater solus iussit, dotis actio filiae non erit adempta, quandoque sui iuris filia fuerit facta. item si voluntate solius filiae promittatur, remanebit dotis actio integra patri; sed utrum ut et agat solus an et ut adiuncta quoque filiae persona experiri possit? et puto nec eam actionem amissam, quam adiuncta filiae persona potest habere. quod si sui iuris fuerit facta filia, nocebit ei ista stipulatio.

## D. 24, 3, 2, 2

Voluntatem autem filiae, cum pater agit de dote, utrum sic accipimus, ut consentiat an vero ne contradicat filia? et est ab imperatore Antonino rescriptum filiam, nisi evidenter contradicat, videri consentire patri. et Iulianus libro quadragesimo octavo digestorum scripsit quasi ex voluntate filiae videri experiri patrem, si furiosam filiam habeat; nam ubi non potest per dementiam contradicere, consentire quis eam merito credet. sed si absens filia sit, dicendum erit non ex voluntate eius id factum cavendumque ratam rem filiam habituram a patre; ubi enim sapit, scire eam exigimus, ut videatur non contradicere.

## D. 24, 3, 3 *Paulus libro septimo ad Sabinum*

Non solum autem in exigenda, sed etiam in solvenda dote,

父亲既不能亲自地也不能通过代理人请求返还嫁资。因此，萨宾认为（丈夫）也应该以与要式口约同样的方式作出（返还嫁资）允诺。因此，在要式口约中应该向经两人授权（接受）的人允诺（返还嫁资）。此外，如果父亲单方面地进行授权，将来其女儿成为自权人时，并不丧失对前夫提起嫁资诉讼的权利。同样，如果仅仅根据其女儿的意愿在要式口约中允诺（返还给特定人），其父亲完全可以提起嫁资诉讼。但是，（该父亲）可以独自提起或是可以与其女儿一起提起诉讼吗？我认为他与他女儿一起提起诉讼的权利并没有被取消。但是，如果该女儿变为自权人，该要式口约则对他不利。

### D. 24, 3, 2, 2

当父亲提起嫁资之诉时，我们应该将"女儿的意愿"理解为明示的同意还是没有明确地反对？安东尼·卡拉卡拉皇帝在谕令中规定，只要女儿没有公开地表示反对，视作她同意父亲（的做法）。优士丁尼在《学说汇纂》第40卷中写道，如果女儿是一名精神病人，应该认为他是经女儿的同意提起诉讼：事实上，由于她精神错乱无法反对，应该认为她是同意的。相反，如果女儿缺席，应该以要式口约担保其女儿将准许他的行为：事实上，当她有理智时应当让她知晓（此事），从而可以认为她不会反对。

### D. 24, 3, 3 保罗：《论萨宾》第7卷

在嫁资属于父亲和女儿共有的情况下，不仅在请求嫁资（返还）时，而且在嫁资给付的时候，都需要征得父亲和女儿

quae communis est patris et filiae, utriusque voluntas exquiritur
nec alter alterius deteriorem condicionem facere potest. sed si pecunia ad patrem pervenit, quam filia accepit, actio de dote utris-
que tolletur.

### D. 24, 3, 4 *Pomponius libro quinto decimo ad Sabi-num*

Si pater sine consensu filiae dotem a viro exegisset et eandem
alii viro eius filiae nomine dedisset et mortuo patre filia cum priore
viro ageret, doli mali exceptione repellitur.

### D. 24, 3, 5 *Ulpianus libro trigesimo ad Sabinum*

De divisione anni eius, quo divortium factum est, quaeritur,
ex die matrimonii an ex die traditi marito fundi maritus sibi comp-
utet tempus. et utique in fructibus a viro retinendis neque dies dotis constitutae neque nuptiarum observabitur, sed quo primum dotale praedium constitutum est id est tradita possessione.

### D. 24, 3, 6 *Paulus libro septimo ad Sabinum*

Si ante nuptias fundus traditus est, ex die nuptiarum ad eundem diem sequentis anni computandus annus est: idem in ceteris
annis servatur, donec divortium fiat. nam si ante nuptias traditus
sit et fructus inde percepti, hi restituendi sunt quandoque divortio
facto quasi dotis facti.

双方的同意，没有任何一方可以使另一方处境变差。但是，如果女儿收到的金钱来自父亲，则双方都不能提起嫁资之诉。

### D.24，3，4 彭波尼:《论萨宾》第 15 卷

父亲未经女儿的同意向其前夫要求返还嫁资，然后以其（女儿）的名义将这些嫁资给付于女儿的另一个丈夫，随后父亲去世，女儿向前任丈夫提起诉讼。在此种情况下，女儿的请求根据欺诈抗辩被拒绝。

### D.24，3，5 乌尔比安:《论萨宾》第 30 卷

问:关于对离婚年度进行（时间）划分，丈夫应该从结婚之日还是从（嫁资）田宅（移转）交付给他之日起算。当然，丈夫可以保留的孳息，既不关乎嫁资设立之日也不关乎婚礼举行之日，而是从田宅纳入嫁资财产时起算，也就是所有权转移时开始。

### D.24，3，6 保罗:《论萨宾》第 7 卷

如果一块地在婚礼前（以移转效力）被交付，年度应该从举办婚礼之日起计算至下一年度的同一天;同样的标准也适用于其他的年度，直到离婚。如果在婚礼前被交付且从那一时刻开始产生孳息，这些（直到举办婚礼时的孳息）应该在离婚后任一时刻被返还，它们如同嫁资的一部分。

## D. 24, 3, 7pr. *Ulpianus libro trigesimo primo ad Sabinum*

Fructus eos esse constat, qui deducta inpensa supererunt:
quod Scaevola et ad mariti et ad mulieris inpensas refert. nam si
mulier pridie vindemias doti dedit, mox sublatis a marito vindemiis
divortit, non putat ei undecim dumtaxat mensum fructus restitui,
sed et impensas, quae, antequam portiones fructuum fiant, dedu-
cendae sunt: igitur, si et maritus aliquid inpendit in eundem annum,
utriusque inpensae concurrent. ita et, si impensarum a muliere fac-
tarum ratio habeatur, cum plurimis annis in matrimonio fuit, necesse
est primi anni computari temporis quod sit ante datum praedium.

## D. 24, 3, 7, 1

Papinianus autem libro undecimo quaestionum divortio facto
fructus dividi ait non ex die locationis, sed habita ratione praece-
dentis temporis, quo mulier in matrimonio fuit: neque enim, si
vindemiae tempore fundus in dotem datus sit eumque vir ex calendis Novembribus primis fruendum locaverit, mensis Ianuarii supre-
ma die facto divortio, retinere virum et vindemiae fructus et eius
anni, quo divortium factum est, quartam partem mercedis aequum
est: alioquin si coactis vindemiis altera die divortium intercedat,
fructus integros retinebit. itaque si fine mensis Ianuarii divortium
fiat et quattuor mensibus matrimonium steterit, vindemiae fructus
et quarta portio mercedis instantis anni confundi debebunt, ut ex
ea pecunia tertia portio viro relinquatur.

### D. 24，3，7pr. 乌尔比安：《论萨宾》第 31 卷

孳息是扣除费用后剩下的部分，谢沃拉认为费用包括丈夫和妻子两人的花费。如果妻子在葡萄收获的前一天给付嫁资，随后，其丈夫刚刚收获完葡萄就离婚了，（谢沃拉）并不认为他只需要返还 11 个月的孳息，还需要返还孳息分配前所要扣除的费用；因此，即使丈夫在那年消费了某物，算入两者的花费。同样，如果计算某妇女的花费，即使婚姻存续很多年，也需要计算那些在土地交付给丈夫前的最后一年所发生的费用。

### D. 24，3，7，1

随后，帕比尼安在《问题集》第 11 卷中说到，一旦离婚，孳息不应当从租赁之日起划分，还应该将之前妻子处于婚姻存续期间的时间计算在内。因此，如果土地在葡萄收获期（即从 10 月 1 日起）作为嫁资给付且丈夫将其于 11 月 1 日起出租，如果在 1 月的最后一天离婚，丈夫既取得葡萄收获的收益又取得离婚那一年度四分之一的租金是不公平的；否则，如果离婚发生在收获后的第二天，那么丈夫将获得全部的收益。因此，如果离婚发生在 1 月底且婚姻存续四个月，应该加上葡萄收获的收益，这样留给丈夫这笔收益的三分之一以及本年度租金的四分之一。

## D. 24, 3, 7, 2

E contrario quoque idem observandum est: nam si mulier percepta vindemia statim fundum viro in dotem dederit et vir ex calendis Martiis eundem locaverit et calendis Aprilibus primis divortium fuerit secutum, non solum partem duodecimam mercedis, sed pro modo temporis omnium mensum, quo dotale praedium fuit, ex mercede quae debebitur portionem retinebit.

## D. 24, 3, 7, 3

Item si messes eius anni, quo divortium factum est, colonum ex forma locationis sequantur, ante vindemiam soluto matrimonio nihilo minus pecunia messium in computationem cum spe futurae vindemiae veniet.

## D. 24, 3, 7, 4

Apparet igitur ex his illos fructus, quos mulier percepit antequam nuberet, non debere in contributionem venire.

## D. 24, 3, 7, 5

Ob donationes, item ob res amotas ex his fructibus, qui post divortium percepti sunt, compensationes fieri possunt.

## D. 24, 3, 7, 6

Quod in anno dicitur, potest dici et in sex mensibus, si bis in anno fructus capientur, ut est in locis inriguis.

### D. 24, 3, 7, 2

在相反的情形中也应该遵循这一规则：如果妻子在刚刚收获了葡萄之后（也就是 11 月 1 日）将土地作为嫁资给付给丈夫，丈夫将其从 3 月 1 日起出租，随后在 4 月 1 日离婚，那么他不仅仅获得年度租金的十二分之一，而且还应当获得一部分租金，即土地作为嫁资存在的所有月份所对应的比例的租金。

### D. 24, 3, 7, 3

同样，在离婚的那一年，如果根据租赁合同该年度的收成属于佃户，在葡萄收获之前离婚的情况下，应将收成的价值计算在内，还有采摘葡萄预期获得的收益。

### D. 24, 3, 7, 4

因此，这样看来，不能把妇女在结婚前获得的收益计算在内。

### D. 24, 3, 7, 5

（从妻子那获得的）赠与物与（婚姻存续期间妻子）所扣除的物品一样，可以抵销离婚之后获得的孳息。

### D. 24, 3, 7, 6

如果每年有两次收成，比如在灌溉充分的地方，那些关于年度的（规定）也适用于半年度。

## D. 24, 3, 7, 7

Et in pluribus annis idem dici potest, ut in silva caedua.

## D. 24, 3, 7, 8

Item si locatio agri talis sit, ut super annuam mercedem quinquennio quoque aliquid amplius praestaretur: in eo enim quod amplius est tempus ad quinquennium computamus.

## D. 24, 3, 7, 9

Non solum autem de fundo, sed etiam de pecore idem dicemus, ut lana ovium fetusque pecorum praestaretur. quare enim, si
maritus prope partum oves doti acceperit, item proximas tonsurae,
post partum et tonsas oves protinus divortio facto nihil reddat? nam
et hic fructus toto tempore quo curantur, non quo percipiuntur,
rationem accipere debemus.

## D. 24, 3, 7, 10

In servo quoque anni ratio habetur, si in annum forte operae
eius locatae sunt, ut praeteriti temporis ad maritum, post divortium autem ad mulierem operae pertineant.

## D. 24, 3, 7, 11

De pensionibus quoque praediorum urbanorum idem est quod
in fructibus rusticorum.

### D. 24，3，7，7

该规定也适用于"多年"，例如在定期砍伐树林的情况下。

### D. 24，3，7，8

同样，如果农用土地的租赁中有这样的条款，即除了年租之外，5 年之后要给付更多的物品：这些多出来的（部分），应该将（土地作为嫁资的构成部分的）时间与 5 年期成比例地计算在内。

### D. 24，3，7，9

我们认为，不仅仅是土地，对于牲畜也是如此，因此应当交付羊毛和牲畜的幼崽。在丈夫接受即将分娩或者是即将剪羊毛的羊群作为嫁资，在羊群分娩和剪羊毛之后又立即离婚的情况下，难道丈夫什么都不用返还吗？在这种情况下，也需要参考整个照料生产期而不是获得收益的时间来计算孳息。

### D. 24，3，7，10

同样关于奴隶也以年度为计算基础，比如说他的工作被出租 1 年，因此他的劳作（和他的报酬）在离婚前属于丈夫，在离婚后则属于妻子。

### D. 24，3，7，11

城市土地的租金适用与农村土地的收成相同的规则。

## D. 24, 3, 7, 12

Si fundum viro uxor in dotem dederit isque inde arbores deciderit, si hae fructus intelleguntur, pro portione anni debent restitui (puto autem, si arbores caeduae fuerunt vel gremiales, dici oportet in fructu cedere), si minus, quasi deteriorem fundum fecerit, maritus tenebitur. sed et si vi tempestatis ceciderunt, dici oportet pretium earum restituendum mulieri nec in fructum cedere non magis, quam si thensaurus fuerit inventus: in fructum enim non computabitur, sed pars eius dimidia restituetur quasi in alieno inventi.

## D. 24, 3, 7, 13

Si vir in fundo mulieris dotali lapidicinas marmoreas invenerit et fundum fructuosiorem fecerit, marmor, quod caesum neque exportatum est, est[1] mariti et impensa non est ei praestanda, quia nec in fructu est marmor: nisi tale sit, ut lapis ibi renascatur, quales sunt in Gallia, sunt et in Asia.

## D. 24, 3, 7, 14

Sed si cretifodinae, argentifodinae vel. auri vel cuius alterius materiae sint vel harenae, utique in fructu habebuntur.

## D. 24, 3, 7, 15

Interdum marito de fructibus a muliere cavetur et nihil retinet,

---

[ 1 ]    < est > , vd. Mo.  − Kr. , nt. 11.

## D. 24，3，7，12

如果妻子（移转）给丈夫一块地作为嫁资，丈夫将（上面的）一些树木砍伐掉，如果将其作为孳息（我认为如果是定期砍伐的树或者是木柴的话，应该将其纳入孳息）这些应该按照年度的比例进行返还。而在相反的情况下（即不作为孳息的话），丈夫则因为使土地贬值而负有责任。但是，如果树木是因为暴风雨而倒伏，它们的价值也应该被返还给妻子，而如果发现宝物的话则不计算为孳息：事实上，这个不能被计算为孳息，就好像被发现在别人的土地上一样，应该（给妻子）返还一半（它应该属于土地的所有者）。

## D. 24，3，7，13

如果丈夫在妻子的嫁资土地上发现了大理石矿而且使该土地变得更为富饶，已经被分离出来且尚未运走的矿石属于丈夫，但是不报销他的费用，因为矿石并不列入孳息，除非是天然的再生石头，就好像那些存在于高丽和亚洲的品种一样。

## D. 24，3，7，14

但是如果是陶土矿、银矿、金矿或者是其他材料的矿或者是沙矿，则要计入孳息。

## D. 24，3，7，15

有时，妻子收到一块尚未收获的土地，并通过要式口约

si fructibus stantibus fundum mulier recipiet; interdum retinebit totum[ 1 ] maritus et nihil restituet, id est si non plus erit, quam pro portione eum retinere oportet; interdum vero et reddet, si plus percepit quam eum retinere oportet. eadem condicio erit etiam, si cum socero vel cum herede alterutrius de dote agatur.

## D. 24, 3, 7, 16

Impendi autem fructuum percipiendorum Pomponius ait, quod in arando serendoque agro impensum est, quodque in tutelam aedificiorum aegrumve servum curandum, scilicet si ex aedificio vel servo fructus aliqui percipiebantur. sed hae inpensae non petentur, cum maritus fructum totum anni retinet, quia ex fructibus prius impensis satisfaciendum est. plane si novam villam necessario exstruxit vel veterem totam sine culpa sua collapsam restituerit, erit eius impensae petitio; simili modo et si pastina instituit. hae enim inpensae aut in res necessarias aut utiles cedunt pariuntque marito actionem.

## D. 24, 3, 8pr. *Paulus libro septimo ad Sabinum*

Si fundus in dotem datus sit, in quo lapis caeditur, lapidicinarum commodum ad maritum pertinere constat, quia palam sit eo animo dedisse mulierem fundum, ut iste fructus ad maritum pertineat, nisi si contrariam voluntatem in dote danda declaraverit mulier.

---

[ 1 ]   £ tantum ¤ , vd. Mo.  – Kr. , nt. 14.

向丈夫担保收益，但是结果他什么也没有收获；有时，收获与他应该持有的比例一样多，丈夫持有全部且什么都不用返还；有时，如果他收获的比他应该持有的要多，也要返还；这与向其岳父或是（岳父的或者是丈夫的）继承人提起嫁资之诉的情形是一样的。

### D. 24，3，7，16

彭波尼认为，为了享有孳息，用于犁田、土地播种、修缮建筑和照料奴隶的开销应该计算在费用之内。但是，当丈夫由于首先要用来满足费用而持有年度的全部孳息时，这些费用不能请求返还。当然，他根据需要修建了一栋农村别墅或者是修缮了一栋旧的别墅，不因他的过错而倒塌了，他可以请求这些费用；同样地，即使是为了种植葡萄时而锄地也可以作此请求。这些费用是不可避免且有所助益的，并产生有利于丈夫的诉讼。

### D. 24，3，8pr. 保罗：《论萨宾》第 7 卷

如果给丈夫一块土地作为嫁资，在上面可以采割石头，矿山所带来的利益当然属于丈夫，因为很显然，只要妇女在设立嫁资的时候没有作出相反的意思表示，那么她给丈夫这块地就是为了让他获得收益。

## D. 24, 3, 8, 1

Quod in sementem erogatur, si non responderint messes, ex vindemia deducetur, quia totius anni unus fructus est.

## D. 24, 3, 9 *Pomponius libro quarto decimo ad Sabinum*

Si mora per mulierem fuit, quo minus dotem reciperet, dolum malum dumtaxat in ea re, non etiam culpam maritus praestare debet, ne facto mulieris in perpetuum agrum eius colere cogatur: fructus tamen, qui pervenissent ad virum, redduntur.

## D. 24, 3, 10pr. *Idem libro quinto decimo ad Sabinum*

Si ab hostibus capta filia, quae nupta erat et dotem a patre profectam habebat, ibi decesserit, puto dicendum perinde observanda omnia ac si nupta decessisset, ut, etiamsi in potestate non fuerit patris, dos ab eo profecta reverti ad eum debeat.

## D. 24, 3, 10, 1

Si vir uxorem suam occiderit, dotis actionem heredibus uxoris dandam esse Proculus ait, et recte: non enim aequum est virum ob facinus suum dotem sperare lucrifacere. idemque et e contrario statuendum est.

### D. 24，3，8，1

播种时所花销的费用，如果收成无法偿付，则从葡萄收益中扣除，因为整年的收益是一体的。

### D. 24，3，9 彭波尼:《论萨宾》第 14 卷

如果妻子在接受嫁资返还时有迟延，丈夫在该履行中仅仅因欺诈且不因过错负有责任，以便他不因妻子的行为而永远受迫种植她的土地；但是，丈夫获得的收益应该返还。

### D. 24，3，10pr. 彭波尼:《论萨宾》第 15 卷

如果（处于支配权之下的）家女已经结婚且拥有一笔来自于父亲财产的嫁资，（随后）被敌人抓捕并死于他们手中，我认为一切都应该被如同她在婚姻存续期间死亡一样对待，这样，即使女儿不再处于父权之下，来自于父亲财产的嫁资也应该返还于他。

### D. 24，3，10，1

如果丈夫杀死了妻子，普罗库勒认为应该给予她的继承人提起"嫁资之诉"的权利，而且正确地（声称）:事实上，他因为自己的罪行而有望获得嫁资是不公平的。同样，相反的情形（即女人不能获得结婚赠与）也需要同样的规定。

## D. 24, 3, 11 *Idem libro sexto decimo ad Sabinum*

Si alienam rem sciens mulier in dotem dederit, reddenda ei est, quasi suam dedisset, et fructus quoque[1] pro portione anni, quo divortium factum est.

## D. 24, 3, 12 *Ulpianus libro trigesimo sexto ad Sabinum*

Maritum in id quod facere potest condemnari exploratum est: sed hoc heredi non esse praestandum,

## D. 24, 3, 13 *Paulus libro septimo ad Sabinum*

quia tale beneficium personale est et cum persona exstinguitur.

## D. 24, 3, 14pr. *Ulpianus libro trigesimo sexto ad Sabinum*

Alia causa est defensoris, quem placet sufficienter videri defendisse, si tantum uxori praestet, quantum consequeretur, si ipsum maritum convenisset.

## D. 24, 3, 14, 1

Eleganter quaerit Pomponius libro quinto decimo ex Sabino, si paciscatur maritus, ne in id quod facere possit condemnetur, sed

---

[1]    < quoque > , vd. Mo.  – Kr. , nt. 22.

### D. 24，3，11 彭波尼：《论萨宾》第 16 卷

如果妇女在明知的情况下将他人物品作为嫁资给与丈夫，应该将物品返还于她，就好像给付了她自己的东西一样。孳息也一样，比照离婚那年所占的比例（进行返还）。

### D. 24，3，12 乌尔比安：《论萨宾》第 36 卷

毫无疑问，丈夫在其经济能力限度内承担责任；但是这种（照顾）不适用于（他的）继承人。

### D. 24，3，13 保罗：《论萨宾》第 7 卷

因为这是个人优待，随人的死亡而消灭。

### D. 24，3，14pr. 乌尔比安：《论萨宾》第 36 卷

在这种情况下则相反，即（丈夫的）辩护人认为如果向妻子支付她起诉丈夫可能得到的数额，则恰当地进行了辩护。

### D. 24，3，14，1

在萨宾的第 15 卷中，彭波尼优雅地提出了这样一个问题，即如果丈夫（与妻子）商定不以其经济能力限度而是

in solidum, an hoc pactum servandum sit? et negat servari oportere, quod quidem et mihi videtur verum: namque contra bonos
mores id pactum esse melius est dicere, quippe cum contra recep-
tam reverentiam, quae maritis exhibenda est, id esse apparet.

### D. 24, 3, 15pr. *Paulus libro septimo ad Sabinum*

Rei iudicatae tempus spectatur, quatenus maritus facere potest.

### D. 24, 3, 15, 1

Heredi mariti, licet in solidum condemnetur, compensationes
tamen, quae ad pecuniariam causam respiciunt, proderunt, ut hoc
minus sit obligatus, veluti ob res donatas et amotas et impensas:
morum vero coercitionem non habet.

### D. 24, 3, 15, 2

Socero quoque, cum quo nurus de dote agit, idem honor habetur, ut in id damnetur quod facere potest,

### D. 24, 3, 16 *Pomponius libro sexto decimo ad Sabinum*

quia parentis locum socer optinet.

### D. 24, 3, 17pr. *Paulus libro septimo ad Sabinum*

Ex diverso si socer ex promissione a marito conveniatur, solet

全部承担，是否应该遵守这一简约。他认为不应该遵守。当然，这在我看来也是正确的：更可取的说法是，这一简约违背了善良风俗，因为违背了应对丈夫表示的传统的尊重。

### D.24，3，15pr. 保罗：《论萨宾》第 7 卷
丈夫所达到的经济承受能力，是指判决的时候。

### D.24，3，15，1
丈夫的继承人，尽管被判要对全部承担责任，但是可以有利地进行金钱的抵销，使得他在较小范围内受约束，比如赠与物、扣除物以及开销；但是他没有权利进行那些受到不良风俗惩处的扣除。

### D.24，3，15，2
当儿媳对公公提起嫁资之诉时，应同样地给予照顾，即他在经济能力限度内承担责任。

### D.24，3，16 彭波尼：《论萨宾》第 16 卷
因为公公取得家父的位置。

### D.24，3，17pr. 保罗：《论萨宾》第 7 卷
相反，如果公公被丈夫提起（嫁资）允诺的诉讼，通常

quaeri, an idem ei honor habendus sit: Neratius libris membrana-
rum et Proculus scribunt hoc iustum esse.

## D. 24, 3, 17, 1

Item si mulier ex promissione conveniatur, magis placuit de-
fendendam eam per exceptionem: idem et Proculus ait: sicuti cum
socia fuit, dabitur ei exceptio, quamvis iure civili sit obligata.

## D. 24, 3, 17, 2

Si in iudicio dotis iudex ignorantia iuris lapsus condemnaverit
maritum in solidum, Neratius Sabinus doli exceptione eum uti
oportere aiunt eaque tutum fore.

## D. 24, 3, 18pr. *Pomponius libro sexto decimo ad Sabinum*

Etiam filios mulieris, qui patri heredes exstiterunt, in id
quod facere possunt condemnandos Labeo ait.

## D. 24, 3, 18, 1

Licet in dotalibus rebus non solum dolum, sed et culpam maritus praestet, cum tamen quaeritur in iudicio de dote an facere possit, dolus dumtaxat comprehenditur, quia in rerum ipsius adminis-
tratione non erat ab eo culpa exigenda. quamquam eum dumtaxat
dolum ei nocere putem, si facere non possit, quem propter uxorem

问他是否享有相同的照顾。在《羊皮卷》中，内拉蒂和普罗库
勒他们认为这是公平的。

### D. 24，3，17，1

同样地，如果妇女因（嫁资）允诺而被诉，最好是通过抗
辩获得救济（因此在其经济能力限度内承担责任）；普罗库勒
也这样说过，由于她是（生活的）合伙人，所以应该给她抗辩
权，虽然根据市民法她也受到约束。

### D. 24，3，17，2

如果某位法官由于不知悉法律而在（返还）嫁资的判决中
判处丈夫（返还）全部，内拉蒂和萨宾认为他应该运用欺诈抗
辩并据此获得救济。

### D. 24，3，18pr. 彭波尼:《论萨宾》第 16 卷

拉贝奥认为，一名妇女的子女（如果）成为丈夫的继承
人，也应该在经济能力限度内承担责任。

### D. 24，3，18，1

尽管对于嫁资财物，丈夫不仅因欺诈而且因过错承担责
任，然而，在进行嫁资（返还）诉讼时有人问，（履行全部返
还）是否在他的经济能力限度内，那么，（应）仅考虑欺诈，
因为不能要求他在经营自己的财产期间因过错承担责任。另外
我认为，如果（履行全部返还）不在他的经济能力限度内，可

adhibuit, ne ei solidum solveret, non propter quemlibet alium. Ofi-
lius autem aiebat, si dolo mariti res dotalis interisset et alioquin
solvendo non esset, quamvis nihil dolo fecisset, quo minus solvendo esset, perinde tamen eum damnandum eius rei dotalis nomine in
qua dolum fecisset, atque si dolo eius factum esset, quo minus
facere possit. ceterum si circa interitum rei dotalis dolus malus et
culpa mariti absit, actiones solas, quas eo nomine quasi maritus
habet, praestandas mulieri, veluti furti vel damni iniuriae.

### D. 24, 3, 19 *Ulpianus libro trigesimo sexto ad Sabinum*

Si mulier diverterit et iudicio de dote contestato reversa fuerit
in matrimonium, redintegrato matrimonio exspirat iudicium et omnia in statu pristino manent.

### D. 24, 3, 20 *Paulus libro septimo ad Sabinum*

Quamvis mulier non in hoc accipiat constante matrimonio
dotem, ut aes alienum solvat aut praedia idonea emat, sed ut
liberis ex alio viro egentibus aut fratribus aut parentibus consuleret
vel ut eos ex hostibus redimeret, quia iusta et honesta causa est,
non videtur male accipere et ideo recte ei solvitur: idque et in filia
familias observatur.

### D. 24, 3, 21 *Ulpianus libro tertio disputationum*

Sed et si ideo maritus ex dote expendit, ut a latronibus redim-

以考虑不履行全部返还，仅仅就他为了不履行全部返还而对妻子而不是对其他任何（债权人）所实施的欺诈承担责任。奥菲里说，如果因丈夫的欺诈而导致某一嫁资物灭失且他无法偿付，即使没有进行任何欺诈以至于自己无法偿付，都应当就该嫁资之物而不是欺诈所导致的（灭失）承担责任，就好比因他的欺诈而使得他不能返还全部（嫁资）。另外，如果嫁资物的灭失中并不存在丈夫的欺诈和过错，他只要将他作为丈夫所享有的诉权让渡给妻子，例如盗窃之诉和非法损害之诉。

### D. 24，3，19 乌尔比安：《论萨宾》第36卷

如果一名妇女已经离婚，然后在提起嫁资之诉后又回去与丈夫一起生活且复婚，则诉讼终止，一切恢复原状。

### D. 24，3，20 保罗：《论萨宾》第7卷

尽管在婚姻存续期间，妻子不能为了清偿债务或者是购买合适的土地而接受（来自丈夫返还的）嫁资，但是（如果她接受它）是为了照顾与其他丈夫所生的孩子、兄弟、父母或者是为了从敌人那赎回他们则并不认为不妥，因为是出于正当、体面的原因，因此应该正确地给付于她。这也同样适用于家女的情况。

### D. 24，3，21 乌尔比安：《争论集》第3卷

如果丈夫用嫁资从强盗那赎回妻子的家人或者是使妻子能够将其家人从（债务）拘禁中解救出来，这些费用应该由

eret necessarias mulieri personas vel ut mulier vinculis vindicet de
necessariis suis aliquem, reputatur ei id quod expensum est, et[1]
sive pars dotis sit, pro ea parte, sive tota dos sit, actio dotis eva-
nescit. et multo magis idem dicendum est, si socer agat de dote,
debere rationem haberi eius quod in ipsum impensum est, sive ipse maritus hoc fecit sive filiae ut faciat dedit: sed et si non pater
experiretur, sed post mortem eius filia sola de dote ageret, idem
erit dicendum: cum enim doli exceptio insit de dote actioni ut in
ceteris bonae fidei iudiciis, potest dici, ut et Celso videtur, inesse
hunc sumptum actioni de dote, maxime si ex voluntate filiae factus
sit.


D. 24, 3, 22pr. *Idem libro trigesimo tertio ad edic-*
*tum*

Si, cum dotem daret pater vel extraneus pro muliere, in
unum casum pepigit, vel in divortium vel in mortem, dicendum
est eum in casum, in quem non pepigit, esse mulieri actionem.


D. 24, 3, 22, 1

Si post solutum matrimonium filia familias citra patris voluntatem exactam communem dotem consumat, patri et viva ea et mortua actio superest, ut dos ipsi solvatur. quod ita verum est, si perditurae solvatur: ceterum si non perditurae et ex iustis causis soluta

---

[ 1 ]   < et > , vd. Mo.  – Kr. , nt. 6.

妻子承担。而且，如果（这些费用）是嫁资的一部分，则就这部分（嫁资之诉不成立）；如果（这些费用）是嫁资的全部，则整个嫁资之诉都不成立。如果是他的岳父提起嫁资之诉，更是同理，（即）应该计算为他所花销的费用，无论是丈夫做的还是丈夫给女儿（即他的妻子）（钱）去做的。这也适用于父亲没有提起诉讼、女儿在其死亡后独自提起嫁资之诉的情形。因为，如同在所有的诚信诉讼中一样，欺诈抗辩存在于嫁资之诉中，可以说，正如杰尔苏也认为的那样，嫁资之诉中包含这些费用（的计算），特别是根据女儿的意愿所产生的（费用）。

### D. 24，3，22pr.　乌尔比安：《论告示》第 33 卷

如果父亲或者一个家外人为女子设立嫁资，并约定仅在某种情况下返还，（比如）在离婚或在死亡的情况下，应该认为在出现没有约定的情形时诉权属于该女子。

### D. 24，3，22，1

如果婚姻解除后，家女未经其（父亲的）同意，消费了他请求的且属于他俩共有的嫁资，无论是女儿生存还是死亡，父亲都可以提起诉讼以获得嫁资。这也适用于嫁资（返还）

sit, non supererit actio. sed mortuo patre nec eius[1] heredes a-
gent nec mulier.

## D. 24, 3, 22, 2

Si mulier soluto matrimonio egentem reum dotis per novatio-
nem decepta accipiat, nihilo minus actio dotis ei manebit.

## D. 24, 3, 22, 3

Si pater filia absente de dote egerit, etsi omissa sit de rato
satisdatio, filiae denegari debet actio, sive patri heres exstiterit,
sive in legato tantum acceperit, quantum doti[2] satis esset. et ita
Iulianus pluribus locis scribit compensandum ei in dotem quod a
patre datur lucroque eius cedit, si tantum ab eo consecuta sit,
quantum ei dotis nomine debeatur a marito qui patri solvit.

## D. 24, 3, 22, 4

Si patri propter condemnationem Romae, ubi dos petatur, esse non liceat, filiae satis dotis fieri oportet, ita tamen, ut caveat
ratam rem patrem habiturum.

## D. 24, 3, 22, 5

Eo autem tempore consentire filiam patri oportet, quo lis con-

---

[1]    £ etiam ¤ , vd. Mo.  – Kr. , nt. 10.
[2]    £ dotis ¤ , vd. Mo.  – Kr. , nt. 11.

给妇女而她将其滥用的情形；相反，如果是出于正当原因而不是使其滥用这笔嫁资而给付于该妇女，则没有诉权。尽管如此，父亲死亡之后，他的继承人和该妇女都不能提起诉讼。

### D. 24, 3, 22, 2

如果在婚姻解除后，妇女受到欺骗，就（返还的）嫁资通过债务更新而接受了一个破产债务人，则她仍然可以提起嫁资之诉。

### D. 24, 3, 22, 3

在女儿缺席、父亲（单独地）提起返还嫁资之诉的情况下，即使没有（女儿）准许的担保要式口约，也应该否定女儿的诉权，无论是她已经成为父亲的继承人还是仅仅接受了与嫁资等值的遗赠。优士丁尼在多处写道，应该抵销那些父亲指定给她的并有利于她的嫁资。如果丈夫将嫁资返还给女儿的父亲，后者从丈夫那获得了属于她的嫁资，这对她有利。

### D. 24, 3, 22, 4

如果其父亲因被判刑而不允许居住在罗马，即请求嫁资之地，应该将嫁资返还给女儿，只要女儿作出父亲将允许（该返还）的担保要式口约。

### D. 24, 3, 22, 5

另外，女儿应该在其父亲提起诉讼时表示同意。根据

testatur. secundum haec si filia dicat se patri consentire et ante litis contestationem mutaverit voluntatem vel etiam emancipata sit,
frustra pater aget.

## D. 24, 3, 22, 6

Nec non illud quoque probamus, quod Labeo probat, non-
numquam patri denegandam actionem, si tam turpis persona patris
sit, ut verendum sit, ne acceptam dotem consumat: ideoque offi-
cium iudicis interponendum est, quatenus et filiae et patri compe-
tenter consuletur. sed si latitet filia, ne tali patri consentire cogatur, puto dari quidem patri actionem, sed causa cognita. quid enim, si filia verecunde per absentiam patri contradicat? cur non dicamus patri non esse dandam actionem? quod si is pater sit, cui
omnimodo consentire filiam decet, hoc est vitae probatae, filia le-
vis mulier vel admodum iuvenis vel nimia circa maritum non mer-
entem, dicendum est patri potius adquiescere praetorem oportere
dareque ei actionem.

## D. 24, 3, 22, 7

Si maritus vel uxor constante matrimonio furere coeperint,
quid faciendum sit, tractamus. et illud quidem dubio procul observatur eam personam, quae furore detenta est, quia sensum non
habet, nuntium mittere non posse. an autem illa repudianda est,
considerandum est. et si quidem intervallum furor habeat vel per-
petuus quidem morbus est, tamen ferendus his qui circa eam sunt,

这点，在女儿先前表示同意随后在又在提起诉讼时改变主意或是脱离父权的情况下，其父亲起诉无效。

### D. 24，3，22，6

我们也赞成拉贝奥的观点，有时应该否定父亲的诉权，即如果他是一个龌龊的人且大家担心他在收到嫁资后会将其挥霍掉；因此应该介入法官职责，在合理的范围内既保护女儿也保护父亲。另外，如果女儿将自己隐藏起来以便不被强迫授权给这类父亲，我认为应该给父亲提起诉讼的权利，但是要事先说明理由。那么，在女儿因为胆怯而通过缺席来表示不同意父亲的情况下又该怎么办？为什么我们不能否定她的父亲诉权呢？相反，如果父亲是一个在任何情况下女儿都应该同意他的人，即一个可靠正直的人，且女儿是一个轻率的人，或者非常年轻，或者非常慷慨而其丈夫并不值得如此对待，则执法官更应该赞同父亲并赋予他诉权。

### D. 24，3，22，7

我们来研究一下在婚姻存续期间丈夫或妻子精神失常的情况下（应适用的规范）。毫无疑问地应该指出，精神病人由于失去理智不能发送单方面提出离婚的文书。但是反过来应该考虑到是否可以被提出离婚。如果精神病人呈间歇性或是持续性，但是对于他周边人来说是可以容忍的，在这种情

tunc nullo modo oportet dirimi matrimonium, sciente ea persona,
quae, cum compos mentis esset, ita furenti quemadmodum diximus nuntium miserit, culpa sua nuptias esse diremptas: quid enim
tam humanum est, quam ut fortuitis casibus mulieris maritum vel
uxorem viri participem esse? sin autem tantus furor est, ita ferox,
ita perniciosus, ut sanitatis nulla spes supersit et sit[1], circa
ministros terribilis, et forsitan altera persona vel propter saevitiam
furoris sibi timet[2] vel, quia liberos non habet, procreandae sub-
olis cupidine tenta est: licentia erit compoti mentis personae furenti nuntium mittere, ut nullius culpa videatur esse matrimonium
dissolutum neque in damnum alterutra pars incidat.

## D. 24, 3, 22, 8

Sin autem in saevissimo furore muliere constituta maritus dir-
imere quidem matrimonium calliditate non vult, spernit autem in-
felicitatem uxoris et non ad eam flectitur nullamque ei competentem curam inferre manifestissimus est, sed abutitur dotem:
tunc licentiam habeat vel curator furiosae vel cognati adire iudicem
competentem, quatenus necessitas imponatur marito omnem talem
mulieris sustentationem sufferre et alimenta praestare et medicinae
eius succurrere et nihil praetermittere eorum, quae maritum uxori

---

[1]    < et sit > , vd. Mo.  – Kr. , nt. 19.
[2]    < sibi timet > , vd. Mo.  – Kr. , nt. 20.

况下婚姻并不必定解除，因为另一个精神正常的人如果像我们所说的那样向精神病配偶提出了离婚的话，那么他就知道婚姻破裂是因为他的过错：有什么跟丈夫分担妻子的偶发事情或是妻子分担丈夫的偶发事情一样人性的事情吗？相反，如果精神病人紧张、残忍、危险到没有治愈希望的程度，对于陪伴（生病的人）的另一方来说是可怕的，可能另一方配偶或担心受到精神失常的暴力或没有孩子非常想生育孩子，那么精神健康的一方向精神病人一方提出离婚是合法的，这样应当认为婚姻不是因为任何人的过错而解除，任何一方都没有受到损害。

### D. 24, 3, 22, 8

如果妻子处于比较严重的精神病状态，丈夫出于打算，并不想解除婚姻，而且无视妻子的痛苦，并不致力于（照顾）她且很显然没有给予任何妥当的治疗，而是滥用嫁资；在这种情况下，允许精神病人的保佐人或是亲人请求主管法官命令该丈夫负担赡养他的妻子，提供食物、药品，用其所得到的嫁资毫无遗漏地尽到一个丈夫的责任。如果，很显然

adferre decet secundum dotis quantitatem. sin vero dotem ita dissi-
paturus ita manifestus est, ut non hominem frugi oportet, tunc
dotem sequestrari, quatenus ex ea mulier competens habeat solaci-
um una cum sua familia, pactis videlicet dotalibus, quae inter eos
ab initio nuptiarum inita fuerint, in suo statu durantibus et alterius
exspectantibus sanitatem aut[ 1 ] mortis eventum.

## D. 24, 3, 22, 9

Item pater furiosae utiliter intendere sibi filiaeve suae reddi
dotem potest: quamvis enim furiosa nuntium mittere non possit,
patrem tamen eius posse certum est.

## D. 24, 3, 22, 10

Si soluto matrimonio pater furiosus sit, curator eius voluntate
filiae dotem petere poterit: aut si curatoris copia non sit, agere filiae permittendum erit caverique oportebit de rato.

## D. 24, 3, 22, 11

Idem decernendum est et si ab hostibus captus sit pater,
puellae dandam actionem de dote repetenda.

## D. 24, 3, 22, 12

Transgrediamur nunc ad hunc articulum, ut quaeramus, adversus quos competit de dote actio. et adversus ipsum maritum com-

---

[ 1 ]  £ et ¤ , vd. Mo.  – Kr. , nt. 4.

他将不像一个正直的人所应该做的那样挥霍嫁资，那么应该扣押嫁资，这样妻子及她的奴仆可以从中获得相应的生活费，自结婚伊始夫妻间达成的嫁资简约保持原状，在病人康复或是死亡时受到影响。

## D. 24，3，22，9

同样地，女精神病人的父亲可以合法地提出要求将嫁资返还给他或者是其女儿：虽然女精神病人不能提出离婚，但是可以确定的是她的父亲可以提出。

## D. 24，3，22，10

如果婚姻解除后，父亲精神失常，他的监护人可以在其女儿同意的情况下请求返还嫁资；或者，在没有监护人的情况下，应该允许其女儿提起请求，但是她应该对允许作出担保要式口约。

## D. 24，3，22，11

在父亲被敌人俘虏的情况下，也应该作出同样的决定，即应该赋予女儿提起嫁资之诉的权利。

## D. 24，3，22，12

现在让我们过渡到这样一个主题，我们来看看对谁提起嫁资之诉。显然是要起诉丈夫，无论嫁资是被交付给他，还是按照他的意志被交付给处于或不处于他支配权之下的其

petere palam est, sive ipsi dos data sit sive alii ex voluntate mariti vel subiecto iuri eius vel non subiecto. sed si filius familias sit maritus et dos socero data sit, adversus socerum agetur. plane si filio data sit, si quidem iussu soceri, adhuc absolute socer tenebitur: quod si filio data sit non iussu patris, Sabinus et Cassius responderunt nihilo minus cum patre agi oportere: videri enim ad eum pervenisse dotem, penes quem est peculium: sufficit autem ad id damnandum quod est in peculio vel si quid in rem patris versum est. sin autem socero dotem dederit, cum marito non poterit experiri, nisi patri heres exstiterit.

## D. 24, 3, 22, 13

Si mulier in condicione mariti erraverit putaveritque esse liberum, cum servus esset, concedi oportet quasi privilegium in bonis viri mulieri, videlicet ut, si sint et alii creditores, haec praeferatur circa de peculio actionem et, si forte domino aliquid debeat servus, non praeferatur mulier nisi in his tantum rebus, quae vel in dote datae sunt vel ex dote comparatae, quasi et hae dotales sint.

## D. 24, 3, 23 *Paulus libro trigesimo sexto ad edictum*

Et si quid in eam dotem impensum est nec a muliere reddetur, per doli mali exceptionem servabitur.

他人。如果丈夫还是家子，且嫁资被交付给公公（也就是他的父亲），那应该起诉公公。当然，如果是根据公公的命令（将嫁资）交付给了儿子，那么公公要承担全部责任；但是，如果并不是根据父亲的命令而（将嫁资）交付给了儿子，萨宾和卡西回答仍然应该起诉父亲：应该认为嫁资到了持有儿子的特有产的人手中；另外，父亲在其特有产范围内或是在（嫁资）被纳入其资产的范围内承担责任就足够了。相反，在嫁资交付给公公的情况下，如果丈夫不是父亲的继承人，则不能对丈夫提起诉讼。

### D. 24, 3, 22, 13

如果妇女弄错了丈夫的身份，误认为他是解放自由人，而他是奴隶，应该赋予妻子对丈夫的财产拥有特权，这样，如果还存在其他债权人，她可以在其特有产范围内优先享有诉权；如果奴隶就某物是主人的债务人，妇女则不享有优先权，除非是在嫁资中交付的物品或者是用嫁资购买的物品，它们就好比是嫁资之物。

### D. 24, 3, 23 保罗：《论告示》第36卷

如果某嫁资之物被消费且妇女不会返还，该物应该通过欺诈之诉获得返还。

## D. 24, 3, 24pr. *Ulpianus libro trigesimo tertio ad edictum*

Si constante matrimonio propter inopiam mariti mulier agere volet, unde exactionem dotis initium accipere ponamus? et constat exinde dotis exactionem competere, ex quo evidentissime apparuerit mariti facultates ad dotis exactionem non sufficere.

## D. 24, 3, 24, 1

Si exheredato marito mulier agat, magis est, ut ex die aditae patris hereditatis incipiat ei dotis exactio.

## D. 24, 3, 24, 2

Quotiens mulieri satisdandum est de solutione dotis post certum tempus, si maritus satisdare non possit, tunc deducto commodo temporis condemnatio residui repraesentatur: sed si, cum maritus satisdare posset, nollet, in solidum eum condemnandum Mela ait non habita ratione commodi temporis. iudicis igitur officio convenit, ut aut satisdatione interposita absolvat maritum aut habita ratione compensationis eum condemnet, quod quidem hodie magis usurpatur: nec ferenda est mulier, si dicat magis se velle dilationem pati quam in repraesentatione deductionem.

## D. 24, 3, 24, 3

Sive autem mariti sive uxoris periculo dos fuit, nihilo minus legitimo tempore debet solvere maritus.

### D. 24，3，24pr. 乌尔比安:《论告示》第 33 卷

如果在婚姻存续期间，妻子想因丈夫贫穷而提起诉讼，何时起我们确定她有权请求返还嫁资? 众所周知，从明显出现丈夫没有足够的能力返还嫁资时起她拥有请求返还嫁资的权利。

### D. 24，3，24，1

如果丈夫被剥夺了继承权，妻子提起诉讼，最好是从（继承人）接受（她）父亲的遗产起她拥有提起诉讼的权利。

### D. 24，3，24，2

每当一段固定期限后须就嫁资返还向妻子作出担保时，如果丈夫无法提供担保，那么在扣除（在此期间产生的）收益后，应该立刻判处丈夫（返还）剩余部分；但是如果丈夫可以提供担保却不愿意（提供），迈拉说应该判他返还全部（嫁资），而不考虑在此期间产生的收益。因此，应由法官决定让丈夫提供担保而免于起诉还是罚处他进行赔偿，后者现在更为通常；而不应该同意妻子的要求，如果她说较之立即交付的情形下扣除（某一部分）她更愿意承受（返还）延迟。

### D. 24，3，24，3

无论嫁资是由丈夫还是由妻子承担风险，丈夫都应该在法律规定的期限内将其返还。

## D. 24, 3, 24, 4

Si vir voluntate mulieris servos dotales manumiserit, si quidem donare ei mulier voluit, nec de libertatis causa impositis ei praestandis tenebitur: quod si negotium inter eos gestum est, utique tenebitur, ut officio iudicis caveat restituturum se mulieri, quidquid ad eum ex bonis liberti vel ex obligatione pervenisset.

## D. 24, 3, 24, 5

Si maritus saevus in servos dotales fuit, videndum, an de hoc possit conveniri. et si quidem tantum in servos uxoris saevus fuit, constat eum teneri hoc nomine: si vero et in suos est natura talis, adhuc dicendum est immoderatam eius saevitiam hoc iudicio coercendam: quamvis enim diligentiam uxor eam demum ab eo exigat, quam rebus suis exiget adhibet[1], nec plus possit, attamen saevitia, quae in propriis culpanda est, in alienis coercenda est, hoc est in dotalibus.

## D. 24, 3, 24, 6

Si uxor viri rem commodaverit eaque perierit, videndum, an compensationem hoc nomine pati possit. et puto, si quidem prohibuit eam maritus commodare, statim deductionem fieri: si vero non prohibuit eam commodare arbitrio iudicis modicum tempus ei indulgeri cautionem praebenti.

---

[1]   < adhibet > , vd. Mo.  – Kr. , nt. 13.

### D. 24, 3, 24, 4

如果丈夫根据妻子的意愿而解放了嫁资奴隶，倘若真的是妻子本人想将奴隶赠与给他，则他不必（向妻子）承担因为解放奴隶所产生的费用；但是如果夫妻间存在无因管理，丈夫当然要根据法官的裁量，必须作出担保要式口约，保证向妻子返还他从解放自由人的财产或是债权中所获得的所有物品。

### D. 24, 3, 24, 5

如果丈夫残忍地对待嫁资的奴隶，应该考虑一下是否可以就此提起诉讼。如果他仅仅是残忍地对待了妻子的奴隶，他当然应该对此负责；但是如果他天性如此且对待自己的奴隶也是这样，还需要补充，通过这一诉讼，应该对他过度的残忍判以刑罚：尽管妻子可以要求他采用对自己物品所采用的勤谨注意而不必有所增加，但如果这种残酷实施于他自己奴隶应受到谴责的话，那么实施于他人的奴隶（即那些嫁资奴隶）也应受到惩罚。

### D. 24, 3, 24, 6

如果妻子将丈夫的某物借出而此物灭失，应该考虑她是否可以在嫁资中进行抵销。我认为，如果丈夫不允许她借出此物，则立即扣除；如果丈夫没有禁止她将其借出，在她提供要式口约担保的情况下，根据法官的裁量应该通融她一段时间（将其找回）。

## D. 24, 3, 24, 7

Si bona mulieris pro parte sint publicata, superest mulieri reliquae partis dotis exactio: plus puto: et si post litem contestatam publicata sit pro parte dos, sufficiet arbitrium iudicis ad partis condemnationem faciendam. quod si tota dos publicata sit, exspirabit iudicium.

## D. 24, 3, 25pr. *Paulus libro trigesimo sexto ad edictum*

Si filio familias dos data sit iniussu patris, de peculio quidem agetur: sed sive propter impensas a filio familias factas sive propter res donatas a filio vel amotas ab uxore res peculiares hoc ipso, quod habet actionem pater ex persona filii, maius peculium fit, et sic totum est praestandum mulieri quod est in peculio, si quid[1] adhuc sit quod uxori debeatur.

## D. 24, 3, 25, 1

Maritum in reddenda dote de dolo malo et culpa cavere oportet. quod si dolo malo fecerit, quo minus restituere possit, damnandum eum, quanti mulier in litem iuraverit, quia invitis nobis res nostras alius retinere non debeat.

---

[1]  £ quia ¤ , vd. Mo. – Kr. , nt. 15.

### D. 24，3，24，7

如果妻子的财产被部分没收，妻子有权要求返还嫁资的剩余部分。我还认为，即使嫁资在提起（嫁资）诉讼之后被部分地没收，法官的（自主）裁量判处（丈夫）返还剩余部分就可以了。但是如果全部嫁资都被没收，则诉权消灭。

### D. 24，3，25pr. 保罗：《论告示》第 36 卷

如果在没有父亲命令的情况下，嫁资被（移转）交付给了他的家子，则可以在其特有产范围内（对家父）提起（嫁资）之诉；然而，无论是家子所花销的费用还是他赠与的物品，或是被他妻子挪用的特有产之物，父亲从儿子那获得相关诉权，且特有产变得更多，所以在还应该向妻子支付某物的情况下，应向妻子就全部特有产履行给付。

### D. 24，3，25，1

在返还嫁资时，丈夫必须就欺诈和过错作出担保要式口约。如果他实施欺诈以至于（嫁资）无法返还，则应该判处他支付妻子就诉讼所宣誓的价值，因为其他人不应该违背我们的意愿而持有属于我们的财产。

## D. 24, 3, 25, 2

Si post divortium res dotales deteriores factae sint et vir in reddenda dote moram fecerit, omnimodo detrimentum ipse praestabit.

## D. 24, 3, 25, 3

Si qui dotalium servorum in fuga erunt, cavere debebit maritus se eos viri boni arbitratu persecuturum et restituturum.

## D. 24, 3, 25, 4

Si vir in quinquennio locaverit fundum et post primum forte annum divortium intervenerit, Sabinus ait non alias fundum mulieri reddi oportere, quam si caverit, si quid praeter unius anni locationem maritus damnatus sit, id a⁽¹⁾ se praestatum iri: sed et mulieri cavendum, quidquid praeter primum annum ex locatione vir consecutus fuerit, se ei restituturum.

## D. 24, 3, 26 *Idem libro trigesimo septimo ad edictum*

Semel mora facta si servum dotalem postea offerente marito mulier accipere noluerit et ita is decesserit, non debebit pretium eius maritus vel heres eius, ne damnum sentiat, quod postea offerente eo mulier accipere noluit.

---

[1]    < a > , vd. Mo.  – Kr. , nt. 18.

D. 24，3，25，2

如果在离婚后嫁资之物贬值了，且丈夫延迟履行嫁资返还，无论如何他都要就（产生的）财产损害承担责任。

D. 24，3，25，3

如果一些嫁资奴隶逃匿了，丈夫应该作出要式口约，担保会跟一个正直的人一样寻找和返还他们。

D. 24，3，25，4

如果丈夫将一块地出租 5 年但在此期间离婚，例如在 1 年之后离婚，萨宾认为：土地不应返还给妻子，除非她作出了要式口约担保她将承担其丈夫因仅出租 1 年（在这 1 年租户处置好了土地）所要赔偿的损失（赔偿未履行的租赁）；但是她也应该得到要式口约的允诺，担保其丈夫将返还在第一年之后通过租赁所获得的全部收益。

D. 24，3，26 同一作者（保罗）：《论告示》第 36 卷

在丈夫迟延履行的情况下，如果提供一名嫁资奴隶而妻子不愿意接收，这种状态持续了一段时间，奴隶死亡，丈夫或者他的继承人不用为了使妇女不受到损失而赔偿奴隶的价值，因为他提供了奴隶但是她不愿意接受。

### D. 24, 3, 27 *Gaius libro undecimo ad edictum provinciale*

Si post divortium mortua muliere heres eius cum viro parenteve eius agat, eadem videntur de restituenda dote intervenire, quae ipsa muliere agente observari solent.

### D. 24, 3, 28 *Ulpianus libro primo institutionum*

Facere posse maritus etiam id videtur, quod a muliere consequi potest: scilicet si iam ei aliquid absit, quod pro muliere aliquid expendit vel mandato eius praestitit: ceterum si nondum ei abest, ut puta sub condicione est obligatus, nondum videtur facere posse.

### D. 24, 3, 29pr. *Idem libro tertio disputationum*

Quotiens pater dotem dat et stipulatur, ita demum in suam personam de dote actionem transfert, si ex continenti stipuletur: ceterum si interposito tempore stipulari velit, non nisi consentiente filia poterit, quamvis in potestate sit, quia deteriorem condicionem in dote filiae facere non potest nisi consentiat. plane si ante nuptias dotem dederit, poterit ex intervallo, ante nuptias tamen, et citra voluntatem quoque filiae stipulari.

**D. 24，3，27 盖尤斯:《论行省告示》第 11 卷**

如果离婚后妻子死亡，她的继承人可以对她的丈夫或是其父亲提起诉讼，在嫁资返还中应该适用妻子本人提起诉讼之时通常所遵循的相同规则。

**D. 24，3，28 乌尔比安:《法学阶梯》第 1 卷**

还应该将丈夫从妻子那里可能得到的（财产）视为丈夫的经济能力限度内（为了计算返还嫁资的范畴）；显然，（例如）在他为妻子花费或者是根据她的命令而借出某物使得自己财产减少的情况下；相反，如果他（的财产）并没有减少，例如是附条件的约束，（即可以因此而从妻子那里获得收益），并不将它纳入经济能力限度内。

**D. 24，3，29pr. 同一作者（乌尔比安）:《争论集》第 3 卷**

无论何时父亲给付嫁资且通过要式口约被允诺（返还嫁资），仅仅在要式口约（与交付移转）同时发生的情况下嫁资诉讼才移转给他（即这位父亲）；相反，如果经过一段时间，他想通过要式口约被允诺返还（嫁资），即使女儿处于他的支配权之下，未经她的同意也不得为之，因为不能未经她的同意而使她的处境变得较为不利。当然，如果在婚礼之前给付嫁资，经过一段时间后，只要还是在婚礼前，可以不考虑女儿的意愿而通过要式口约得到此等允诺。

## D. 24, 3, 29, 1

Si quis pro muliere dotem dederit conveneritque, ut quoquo modo dirempto matrimonio ipsi solveretur, postea maritus uxori dotem solverit, rectissime dicetur exactionem nihilo minus ei qui dedit contra maritum competere.

## D. 24, 3, 30pr. *Iulianus libro sexto decimo digestorum*

Nupta non impeditur, quo minus cum priore marito de dote experiatur.

## D. 24, 3, 30, 1

Quotiens culpa viri accidit, ne dos a socero aut a quolibet alio, qui mulieris nomine promiserat, exigeretur: si aut in matrimonio filia decesserit aut mater familias facta eum qui dotem repromiserat heredem instituerit, satis constat nihil amplius virum praestare debere, quam ut eos obligatione liberet.

## D. 24, 3, 31pr. *Idem libro octavo decimo digestorum*

Si marito publico iudicio damnato pars aliqua bonorum eius publicetur, fiscus creditoribus eius satisfacere necesse habet: inter quos uxor quoque est.

### D. 24，3，29，1

如果某人为了一位妇女的利益而给付嫁资并且达成一致，无论婚姻以何种方式终止，嫁资应该返还给他，但婚姻终止后丈夫将嫁资返还给了妻子，应该正确地认为交付嫁资之人有权请求丈夫返还嫁资。

### D. 24，3，30pr. 尤里安：《学说汇纂》第 16 卷

并不禁止再婚妇女向前任丈夫提起嫁资之诉。

### D. 24，3，30，1

无论何时，因为丈夫的过错而没有向岳父或者以妇女的名义作出允诺的其他人请求嫁资，如果女儿在婚姻存续期间死亡或者是变为自权人，且指定作出允诺的人作为继承人，显然丈夫只需免除他们的债务而不用承担其他责任。

### D. 24，3，31pr. 尤里安：《学说汇纂》第 18 卷

如果丈夫被判处刑罚，他财产的某一部分被没收，国库必须满足他的债权人，其中包括他的妻子。

## D. 24, 3, 31, 1

Si pater, cum ducenta filiae suae nomine dotis gratia promisisset, pactus fuerit, ne amplius quam centum a se peterentur, et
soluto matrimonio egerit, centum, de quibus convenit ne peterentur, nec intelleguntur dotis esse. quod si mortuo patre cum herede
eius maritus agere coeperit, ista quoque pecunia in dote erit.

## D. 24, 3, 31, 2

Si voluntate filiae procurator a patre datus litem de dote cont-
estatus fuerit et re secundum eum iudicata pater decesserit, iudi-
cati actionem filiae potius quam heredibus patris dari oportebit.

## D. 24, 3, 31, 3

Cum patri dos data esset et ei filius ex aliqua parte heres sub
condicione institutus fuerit et pendente condicione coheredes eius
dotem pro sua portione mulieri solverint: hoc minus filius ex dote
praestare debebit, quoniam nullam actionem eius pecuniae reciperandae gratia adversus coheredes habet.

## D. 24, 3, 31, 4

Si fundum dotalem recepisset mulier non habita ratione fructuum pro portione anni, qua[1] nupta non fuisset, nihilo minus
de dote agere potest, quia minorem dotem recepisset: hoc enim ad

---

[1] £ quo ¤ , vd. Mo. – Kr. , nt. 6.

D. 24, 3, 31, 1

如果父亲通过要式口约以女儿的名义允诺 200 个金币作为嫁资，并订立简约返还请求不会超过 100 个金币，（随后）婚姻解除，父亲提起诉讼，那么之前达成一致不必返还的 100 金币不被视为嫁资。相反，如果父亲死亡，丈夫向其继承人提起（给付嫁资的）诉讼，这笔钱包含在嫁资之内。

D. 24, 3, 31, 2

如果经女儿同意、父亲委托的代理人提起嫁资返还之诉，且获得了对她有利的判决，随后父亲死亡，应该将已决案的诉权给其女儿而不是父亲的继承人。

D. 24, 3, 31, 3

如果嫁资已经返还给父亲，且其儿子被指定为他部分财产的附条件继承人，在条件未满足时，他的共同继承人向妻子返还了他们相应部分的嫁资，儿子应该返还扣除这部分后剩余的嫁资，因为他并不拥有对共同继承人要求补偿那笔钱的任何诉权。

D. 24, 3, 31, 4

如果妻子收到（返还的）一块嫁资土地，且没有计算她在婚前年度里的那部分收益，她仍然可以提起嫁资之诉，因为

dotis augmentum pertinet, quemadmodum si partum ancillarum non recepisset, aut legata vel hereditates, quae post divortium per servos dotales adquisitae marito fuissent.

### D. 24, 3, 32 *Idem libro secundo ad Urseium Ferocem*

Si prior maritus posteriori dotis nomine tamquam debitor mulieris dotem promiserit, non plus quam id quod facere possit dotis futurum esse.

### D. 24, 3, 33 *Africanus libro septimo quaestionum*

Quae dotis nomine certam pecuniam promiserat, quosdam adhibuerat, qui stipularentur partem dotis distracto matrimonio sibi solvi: ea nulla data dote obierat eodem marito suo herede relicto: is damnosam hereditatem eius adierat. nihilo minus stipulatoribus tenebitur, quoniam adeundo hereditatem debitricis intellegeretur secum pensasse: nec ad rem pertinere, quod solvendo non esset hereditas, quando ceteris etiam creditoribus teneatur.

### D. 24, 3, 34 *Idem libro octavo quaestionum*

Titia divortium a Seio fecit: hanc Titius in sua potestate esse dicit et dotem sibi reddi postulat: ipsa se matrem familias dicit et de dote agere vult: quaesitum est, quae partes iudicis sint. respondi patri, nisi probet filiam non solum in sua potestate esse, sed etiam

她收到了低于应得数额的（返还）嫁资；这些（在该期间的
孳息）构成了嫁资的增值，同样就好比她在离婚之后，没有收
到丈夫可能通过嫁资奴隶所获得的女奴隶的子女或遗赠及
遗产。

### D. 24，3，32 尤里安：《论乌尔塞尤斯·费罗克斯》第 2 卷

如果前任丈夫作为妇女的债务人，对后一任丈夫允诺了
（同一）嫁资，在其经济能力限度内作为该嫁资的债务人。

### D. 24，3，33 阿弗里卡努斯：《问题集》第 7 卷

一名妇女通过要式口约允诺一笔特定数目的金钱作为嫁
资，找了一些人，这些人曾经以要式口约的形式被允诺在婚
姻结束的情况下返还部分嫁资给他们。随后她死亡了，没有
收到任何（返还）嫁资且其丈夫作为她的继承人。他接受了
她的遗产，（即使）承受债务。他必须对作出要式口约的债
权人承担责任，因为随着他对该债务人遗产的接受，意味着
已经与自己（的债权）进行了抵销；遗产不可以清偿并不重
要，因为他必须对其他债权人承担责任。

### D. 24，3，34 同一作者（阿弗里卡努斯）：《问题集》第 8 卷

蒂其娅与塞欧离婚；蒂其奥声称蒂其娅处于他的支配权
之下，请求将嫁资退还给他；蒂其娅则声称已经成为自权人，
并打算提起返还嫁资之诉。问题是，哪些是法官的工作？我

consentire sibi, denegandam actionem, sicuti denegaretur, etiamsi constaret eam in potestate esse.

### D. 24, 3, 35 *Marcianus libro decimo institutionum*

Liberta, quae voluntate patroni discessit, de dote cum eo agere potest quam ei dedit.

### D. 24, 3, 36 *Paulus libro secundo de adulteriis*

Si maritus minus facere potest et dos publicata sit, in id quod facere potest fisco maritus condemnandus est, ne in perniciem mariti mulier punita sit.

### D. 24, 3, 37 *Ulpianus libro secundo responsorum*

Dotem voluntate filiae videri patrem recepisse, cum causas contradicendi ei filia non haberet, maxime cum ab eo postea ampliore summa dotata sit.

### D. 24, 3, 38 *Marcellus libro singulari responsorum*

Lucius Titius cum esset filius familias, voluntate patris uxorem Maeviam duxit et dotem pater accepit: Maevia Titio repudium misit: postea pater repudiati absente filio sponsalia cum eadem[1] nomine filii sui fecit: Maevia deinde repudium sponsalibus misit

---

[ 1 ]   £ ea de ¤ , vd. Mo.  − Kr. , nt. 9.

答复道：应该否定父亲的诉权，除非他能证明不仅他女儿处于他的支配权之下，而且获得了她的同意，这就好比在她无疑处于他的支配权之下（但是他女儿不会同意）的情况下一样会被否定。

### D. 24，3，35 马艾西安：《法学阶梯》第 10 卷

女解放自由人在获得庇主的同意的情况下解除婚姻，可以请求他返还他支付给她的嫁资。

### D. 24，3，36 保罗：《论通奸》第 2 卷

如果丈夫不能完全履行（返还）且嫁资被没收，丈夫应该在其经济能力限度内接受国库的判罚，以使得妻子不因丈夫的损害而受罚。

### D. 24，3，37 乌尔比安：《解答集》第 2 卷

当女儿没有理由反对时，应该认为父亲是在其女儿同意的情况下收回嫁资，特别是随后她从他那儿收到了一笔更可观的嫁资。

### D. 24，3，38 马艾西安：《解答集》单卷本

家子卢其乌斯·提图斯征得其父亲同意后与梅维娅结婚，其父亲收到嫁资；梅维娅向提图斯单方面提出离婚；随后他父亲在儿子缺席的情况下以其名义与她订立婚约；梅维娅解除婚约并与另一个人结婚。我问，在梅维娅对她的前夫、其

atque ita alii nupsit. quaero, si Maevia aget cum Lucio Titio quondam marito et a patre herede relicto de dote et probetur culpa mulieris matrimonium dissolutum, an possit maritus propter culpam mulieris dotem retinere. Marcellus respondit, etiamsi ut heres institutus a patre Titius conveniretur, tamen, si sponsalibus non consensisset, culpam mulieris multandam esse.

### D. 24, 3, 39 *Papinianus libro undecimo quaestionum*

Viro atque uxore mores invicem accusantibus causam repudii dedisse utrumque pronuntiatum est. id ita accipi debet, ut ea lege quam ambo contempserunt, neuter vindicetur: paria enim delicta mutua pensatione dissolvuntur.

### D. 24, 3, 40 *Idem libro vicesimo octavo quaestionum*

Post dotem datam et nuptias contractas stipulatus est pater non ex filiae voluntate divortio facto dotem dari. si condicio stipulationis impleatur et postea filia sine liberis decesserit, non erit impediendus pater, quo minus ex stipulatu agat: viva autem filia si agere vult, exceptione summovendus erit.

### D. 24, 3, 41 *Idem libro trigesimo septimo quaestionum*

Si pater ignorans filiam divortisse dotem ex causa promissionis

父亲的继承人卢其乌斯·提图斯提起诉讼，且被证明婚姻是
因为妇女的过错而解除的情况下，丈夫是否可以因她的过错
而持有嫁资。马艾西安给出答复，即使提图斯作为其父亲指
定的继承人被起诉，如果他并没有同意（随后的）婚约则应
该对女人的过错作出判罚。

### D.24，3，39 帕比尼安:《问题集》第 11 卷

丈夫与妻子互相控告伤风败俗，判决他们提供了一个离
婚的（正当）理由。这意味着，两者中任何一人都不得根据
他们所藐视的法律请求返还嫁资：两者罪行相同，互相抵销
而导致效果消灭。

### D.24，3，40（同一作者）帕比尼安:《问题集》第 11 卷

在嫁资给付且婚姻缔结之后，父亲未经女儿的同意，使
人对他作出允诺若离婚则嫁资将退还于他。如果要式口约的
条件发生且女儿没有留下子女死亡了，不禁止父亲提起要式
口约之诉；但是，如果在其女儿生存时提起诉讼，则应该通
过抗辩被否决。

### D.24，3，41 帕比尼安:《问题集》第 11 卷

如果一位父亲不知道女儿已经离婚，根据允诺给付了现

numeravit, non per indebiti condictionem, sed de dote actione pecunia petetur.

## D. 24, 3, 42pr. *Idem libro quarto responsorum*

In insulam patre deportato, qui dotem pro filia dedit, actio
dotis ad filiam pertinet. post divortium quoque patre damnato, cui
quidem consentiente filia conpetierat, aeque dotis actio
mulieris est.

## D. 24, 3, 42, 1

Fructus ex praediis, quae in dotem data videbantur, bona fide perceptos et mulieris oneribus ante causam liberalem absump-
tos, quamvis servam fuisse postea constiterit, peti non posse placuit. sumptus vero necessarios et utiles in praedia quae dotalia
videbantur factos, compensatis fructibus perceptis, ad finem su-
perflui servari convenit.

## D. 24, 3, 42, 2

Usuras numeratae dotis ex stipulatu pater in matrimonio defuncta filia si petat, gener, qui residuae dotis promissae faenus
stipulatus est, ita demum ad finem vice mutua debitae quantitatis
compensationem opponere iuste videtur, si propriis sumptibus uxorem suam exhibuit: alioquin si patris sumptibus exhibita sit, inan-
is usurarum stipulatio compensationi non proderit.

金作为嫁资，这笔钱将通过嫁资之诉请求返还，而不是通过非债清偿请求返还之诉。

### D. 24, 3, 42pr. 帕比尼安：《解答集》第 4 卷

父亲被流放到一座小岛，之前为女儿给付了一笔嫁资，嫁资之诉由女儿提起。如果父亲在其女儿离婚之后被判罚，即使经她女儿同意他拥有诉权，该妇女也同样拥有诉权。

### D. 24, 3, 42, 1

这样的做法看来是妥适的，即：嫁资中的土地上所产生的孳息，（如果）因诚信而获得（译者注：即丈夫并不知道妇女的奴役状态）并且由于妇女的需求在她被解放前消费掉了，后来妇女才显示出受奴役的境况，不能请求返还。相反，如果被确认费用对于嫁资的土地来说是必须的和有利的，抵销获得的添附后，在其剩余范围内必须受到保护。

### D. 24, 3, 42, 2

如果女儿在婚姻期间死亡，父亲请求支付所约定的现金给付的那部分嫁资的利息，女婿，即以要式口约的形式就允诺嫁资的剩余部分（也就是还没有支付的那部分）的利息被作出允诺之人，如果用自己的钱供养了妻子，则可以正当地提出相互债务的抵销。反之，在她父亲供养了她的情况下，利息的要式口约（因此变为）一纸空文，不能抵销。

## D. 24, 3, 42, 3

Ad virum uxore post divortium reversa iudicium acceptum ex stipulatione, quam extraneus qui dotem dederit stipulatus fuerit, non dissolvitur nec officio iudicis absolutio continetur.

## D. 24, 3, 43 *Scaevola libro secundo quaestionum*

Si maritus in id quod facere potest condemnatus sit et nomina sint ad dotis quantitatem neque amplius, necesse habebit mandare actiones.

## D. 24, 3, 44pr. *Paulus libro quinto quaestionum*

Si socer a genero heres institutus adierit hereditatem, quandoque mortuo patre cum herede eius filiam de dote acturam Nerva et Cato responderunt, ut est relatum apud Sextum Pomponium digestorum ab Aristone libro quinto: ibidem Aristoni consensit. ergo dicerem et si emancipasset pater filiam, ipsum quoque conveniri posse.

## D. 24, 3, 44, 1

Lucius Titius filiae suae nomine centum doti promisit Gaio Seio: inter Gaium Seium et Lucium Titium patrem mulieris convenit, ne dos a viro vivo Lucio Titio id est patre mulieris, peteretur: postea culpa mariti divortio facto solutum est matrimonium et pater mulieris decedens alios heredes instituit filia exheredata: quaero,

### D. 24，3，42，3

妻子在离婚之后重新回到丈夫身边，根据与设立嫁资的家外人通过订立要式口约所产生的诉讼所得到的判决并不失效，而免除（丈夫的）责任也不包含在法官的职责之内。

### D. 24，3，43 谢沃拉：《问题集》第 2 卷

如果丈夫在其经济能力限度内接受判罚，且（在其财产范围内）债权跟合计的嫁资一样多而并未超出，那么他应该放弃相应的诉权。

### D. 24，3，44pr. 保罗：《问题集》第 5 卷

如果岳父（新娘的父亲）作为女婿指定的继承人接受了遗产，内勒瓦和加图给出了答复：一旦父亲死亡，女儿可以对他的继承人提起嫁资之诉。正如瑟斯多·彭波尼提到的，（这一信息）出自亚里士多德《学说汇纂》第 5 卷。在同一地方，（彭波尼）赞同亚里士多德的观点。因此我认为，如果是父亲使女儿脱离了父权，他也可以被起诉。

### D. 24，3，44，1

卢其乌斯·提图斯以其女儿的名义通过要式口约对盖尤斯·赛欧允诺 100 金币作为嫁资；女儿的父亲卢其乌斯·提图斯与盖尤斯·赛欧达成协议，卢其乌斯·提图斯，即妻子的父亲在世期间不得向其丈夫请求返还嫁资；随后，因丈夫

an ab heredibus soceri maritus exigere dotem potest, cum eam mulieri redditurus est. respondi: cum filia aliis a patre heredibus in-
stitutis actionem de dote sua reciperanda habere coeperit, necesse
habebit maritus aut exactam dotem aut actiones ei praestare: nec
ullam exceptionem habebunt soceri heredes adversus eum, cum
absurde dicitur dolo videri eum facere, qui non ipsi quem convenit
sed alii restituturus petit: alioquin et si post mortem patris divor-
tisset nondum exacta dote, excluderetur exactione dotis maritus,
quod non est admittendum. sed et si ex parte filia heres patri suo
exstiterit, debebit maritus coheredes eius pro parte virili exigere et
mulieri reddere aut actiones ei praestare.

## D. 24, 3, 45 *Idem libro sexto quaestionum*

Gaius Seius avus maternus Seiae nepti, quae erat in patris
potestate, certam pecuniae quantitatem dotis nomine Lucio Titio
marito dedit et instrumento dotali huiusmodi pactum et stipulationem complexus est: 'si inter Lucium Titium maritum et Seiam divortium sine culpa mulieris factum esset, dos omnis Seiae uxori
vel Gaio Seio avo materno redderetur restitueretur que'. quaero,
cum Seius avus maternus statim vita defunctus sit et Seia postea
sine culpa sua divorterit vivo patre suo, in cuius potestate est, an
et cui actio ex hoc pacto et stipulatione competat et utrum heredi
avi materni ex stipulatu an nepti. respondi in persona quidem
neptis videri inutiliter stipulationem esse conceptam, quoniam
avus maternus ei stipulatus proponitur: quod cum ita est, heredi

过错而离婚导致婚姻解除，且女儿的父亲死亡，剥夺了女儿
的继承权并指定了其他的继承人。我提出问题，如果丈夫须
向妻子返还嫁资，是否可以向其岳父的继承人进行请求？我
给出的答复是：在父亲指定了其他继承人之后，女儿开始提
起诉讼要求收回她的嫁资，丈夫有必要或给付她获得的嫁资
或给予她诉权，而其岳父的继承人不能对他进行抗辩，因为
认为如下的行为是一种欺诈是不合逻辑的：即他请求返还嫁
资不是给他起诉的人，而是给一个另外的人。但在相反的情
况下，如果在父亲死亡后嫁资被要求（返还）之前离婚，丈
夫不能要求嫁资，这是不允许的。然而从另一方面来说，在
女儿成为父亲的部分遗产继承人的情况下，丈夫应该要求与
共同继承人相同份额的嫁资并返还与她，或者是给予她诉权。

## D. 24，3，45（同一作者）：保罗《问题集》第 6 卷

塞娅的外祖父盖尤斯·塞乌斯给她的丈夫卢其乌斯·提
兹奥一笔特定数目的金钱作为塞娅的嫁资，塞娅还处于父亲
的支配权之下，并在嫁资文书中附上一份如下内容的简约和
要式口约；"如果提兹奥与塞娅离婚而塞娅无过错，全部嫁
资都退还给塞娅或者是其外祖父盖尤斯·塞乌斯"。不久，
被证实其外祖父塞乌斯死亡，塞娅离婚且无过错但其家父还
活着。我问，据此简约和要式口约，诉权属于谁？根据要式
口约属于外祖父的继承人还是属于外孙女？我答道，既然外
祖父通过要式口约的形式被作出了有利于其外孙女的允诺，
那么有利于外孙女（即第三人）的要式口约应该被认为是无
效缔结的。既然如此，妇女一旦离婚，应该认为诉权属于要式

stipulatoris, quandoque divorterit mulier, actio competere videtur. sed dicendum est Seiae posse dotem solvi (quamvis actio ei
directo non competat), ac si sibi aut illi dari avus stipulatus esset. sed permittendum est nepti ex hac avita conventione, ne commodo dotis defrudetur, utilem actionem: favore enim nuptiarum et
maxime propter affectionem personarum ad hoc decurrendum est.

### D. 24, 3, 46 *Idem libro nono decimo quaestionum*

Qui dotem stipulanti uxori promiserat, eidem testamento
quaedam legaverat, ita tamen, ne dotem ab heredibus peteret: ea
quae legata erant, uxor capere non potuerat. respondi dotis actionem mulieri adversus heredes non esse denegandam.

### D. 24, 3, 47 *Scaevola libro nono decimo quaestio-
num*

Cum mulier viri lenocinio adulterata fuerit, nihil ex dote retinetur: cur enim improbet maritus mores, quos ipse aut ante cor-
rupit aut postea probavit? si tamen ex mente legis sumet quis, ut
nec accusare possit, qui lenocinium uxori praebuerit,
audiendus est.

### D. 24, 3, 48 *Callistratus libro secundo quaestionum*

Si dotali instrumento ita stipulatio interposita sit, ut liberorum
nomine dos apud maritum resideat, nepotum quoque nomine dos
retinebitur.

口约订立人的继承人。应该认为，可以将嫁资退还给塞娅
（虽然她并不直接拥有诉权），好比外祖父以要式口约的形式
被允诺（嫁资）将返还给他本人或者其他人。但是，为了不
骗取她的嫁资利益，应该根据外祖父所订立的协议给予外孙
女扩用诉讼：应该采用这种有利于婚姻的解决方案，特别是
为了他们（之间）的情感。

**D. 24，3，46（同一作者）保罗：《问题集》第 19 卷**

某人以要式口约的形式向妻子允诺嫁资，并在遗嘱中附
条件向她遗赠了一些物品，即不得向他的继承人请求（返
还）嫁资。妻子没有获得遗赠之物。我答复不能否定妇女对
继承人提起的嫁资之诉。

**D. 24，3，47 谢沃拉：《问题集》第 19 卷**

一名妇女由于丈夫的引诱而通奸，丈夫不能保留任何嫁
资：为什么丈夫应该反对（她的）那些自己之前腐败的或之
后表示赞同的习性呢？但是，如果有人想从法律的本义证明
使妻子卖淫的人不能指控（通奸），应该听从他的。

**D. 24，3，48 卡利斯特拉图斯：《问题集》第 2 卷**

如果在嫁资文书中包含了一份要式口约，约定为了孩子
嫁资由丈夫长期保留，则嫁资也可以因为孙子女而保留。

## D. 24, 3, 49pr. *Paulus libro septimo responsorum*

Maevia marito suo inter alias res dotis etiam instrumentum so-
lidorum decem tradidit, quo Otacilius eidem Maeviae caverat datu-
rum se, cum nuptum ire coepisset, decem milia: ex eo instrumento maritus nihil exegit, quia nec potuit: quaesitum est, si dos a
marito petatur, an compellendus sit etiam illam summam, quae instrumento continetur, refundere? respondi potuisse quidem eum,
cui actiones mandatae sunt, debitorem convenire: sed si sine dolo
malo vel culpa exigere pecuniam non potuit, neque dotis nomine
eum conveniri posse neque mandati iudicio.

## D. 24, 3, 49, 1

Fundus aestimatus in dotem datus a creditore antecedente ex
causa pignoris ablatus est: quaesitum est, an mulier, si aestimationem dotis repetat, exceptione summovenda sit: ait enim se
propterea non teneri, quod pater eius dotem pro se dedit, cui heres non exstiterit. Paulus respondit praedio evicto sine dolo et culpa viri pretium petenti mulieri doli mali exceptionem obesse: consequi enim eam pretium fundi evicti evidens iniquitas est, cum dolus patris ipsi nocere debeat.

## D. 24, 3, 50 *Scaevola libro secundo responsorum*

Aestimatis rebus in dotem datis pactum intercessit, ut, ex
quacumque causa dos reddi deberet, ipsae res restituerentur habita
ratione augmenti et deminutionis viri boni arbitratu, quae vero non

### D. 24，3，49pr. 保罗：《解答集》第 7 卷

与其他的嫁资物一起，梅维亚还交给丈夫一份关于 10 金币的文书，该文件中奥达其利奥以要式口约允诺在她开始婚姻生活之后给梅维亚 10 000 金币；根据这一文书，丈夫什么也没有请求因为他不能这样做。提出的问题是，在向丈夫请求返还嫁资的情况下，是否也必须赔偿文件中所包含的数目。我的答复是，提起诉讼的人当然可以起诉债务人（奥达其利奥）；但是，如果没有欺诈也没有过错，（丈夫）没有能够要求金钱，不能因嫁资之诉或是委托之诉被起诉。

### D. 24，3，49，1

估价后的一块地作为嫁资给付了，由于上面设有抵押权而被先前的债权人剥夺了权利。设问，如果妇女（向其丈夫）请求嫁资的估价价值，是否应该产生抗辩：她认为不应该受到约束，因为他的父亲给予她嫁资而且她没有成为他的继承人。保罗给出了答复，对于一块被追夺的土地丈夫没有欺诈也没有过错，丈夫可以提起欺诈抗辩向妇女请求其价值：如果她获得追夺土地的价值是明显不公平的，因为父亲的欺诈应该给她带来损失。

### D. 24，3，50 谢沃拉：《解答集》第 2 卷

嫁资物品被估价后，据此订立简约，若因任何原因要退还嫁资，则要退还物品，并根据一个正直的人的估价考虑它们的增值和贬值，而对于那些不复存在的物品，则返还它们的初始估价。提出的问题是，如果丈夫卖出的一些物品还存

exstarent, ab initio aestimatio earum: quaesitum est, cum res quaedam quas maritus vendiderat exstarent, an secundum pactum et haec ad mulierem pertinerent. respondi res quae exstant, si neque volente neque ratum habente muliere venissent, perinde reddendas, atque si nulla aestimatio intervenisset.

### D. 24, 3, 51 *Hermogenianus libro secundo iuris epitomarum*

Aestimatae res usu etiam mulieris periculo mariti deteriores efficiuntur.

### D. 24, 3, 52 *Tryfoninus libro septimo disputationum*

Maritus dotem, quam non accepit, post divortium per errorem solvit: repetet, quia non numeratam caverat: exigi enim ab eo non potuit.

### D. 24, 3, 53 *Idem libro duodecimo disputationum*

Si filio familias dos data est, ipse quidem dotis actione tenetur, pater autem eius de peculio: nec interest, in peculio rem vel pecuniam dotalem habeat nec ne. sed quatenus facere potest, hic quoque condemnandus est: intellegitur autem peculio tenus facere posse, quod habet rei iudicandae tempore. atquin si cum patre agatur, deduceretur ex peculio, quod patri vel subiectis ei personis filius debet: at si cum ipso filio agatur, alterius debiti non fiet detractio in computatione quantum facere possit filius.

在，它们是否根据简约属于妻子所有？我给出的答复是，如果那些（还）存在的物品没有得到女儿的同意或是批准而卖掉，则应该返还，如同没有进行过估价一样。

### D. 24，3，51 赫尔莫杰尼安：《法律概要》第2卷

经过估价的物品即使因为妻子的使用而贬值，也由丈夫承担风险。

### D. 24，3，52 特里芬尼：《辩论集》第7卷

离婚之后，丈夫错误地退还了他并没有收到的嫁资。他可以索回，因为他已经作出了（退还嫁资的）担保要式口约而并没有收到此笔嫁资；事实上，不能向他请求返还。

### D. 24，3，53 同一作者（特里芬尼）：《辩论集》第12卷

如果嫁资给付于一个家子，当然必须对他提起嫁资之诉，而在特有产范围内对他的父亲提起诉讼；特有产中是否包含嫁资的物品或金钱并不重要。但是（儿子）应该在其经济能力范围内被判罚；是指在判决时他全部特有产的经济能力。或者，如果对父亲提起诉讼，应该从特有产中扣除儿子应该给父亲或者处于他支配权之下的其他人的部分；如果对儿子本人提起诉讼，在计算其经济能力范围的时候不扣除对他人的债务。

## D. 24, 3, 54 *Paulus libro singulari de iure singulari*

Maritus facere posse creditur nullo aere alieno, item socius, item patronus parensve: at is, qui ex donatione convenietur, omni aere alieno deducto facere posse intellegitur.

## D. 24, 3, 55 *Idem libro quinto ad Plautium*

Cum mulier de dotis repetitione post solutum matrimonium agit, cavere debet. marito, qui aedium nomine damni infecti cavit, si velit eam recipere, ut. periculum mariti amoveat. .

## D. 24, 3, 56 *Idem libro sexto ad Plautium*

Si quis sic stipuletur a marito: 'si quo casu Titia tibi nupta esse desierit, dotem dabis?' hac generali commemoratione et ab hostibus capta ea committetur stipulatio vel etiam si deportata fuerit vel ancilla effecta: hac enim conceptione omnes hi casus continentur. plane quantum veniat in stipulatione, utrum quasi mortua sit an quasi divortium fecerit? humanius quis id competere dixerit, quod propter mortem convenit.

## D. 24, 3, 57 *Marcellus libro septimo digestorum*

Usu fructu in dotem dato si divortium intervenerit nec proprietas rei apud maritum vel mulierem sit, eam dotis esse restitutionem, ut maritus caveat, quamdiu vixerit, passurum se uti frui mulierem heredemque eius. quod an verum sit circa adiectionem heredis, dubito. interest, quemadmodum sit usus fructus in dotem

### D. 24，3，54 保罗：《论单一的法律》单卷本

应该认为，丈夫的、合伙人的、庇主的或者是父亲的经济能力应该在不扣除债务的情况下估值；反之，根据赠与而被起诉的人的经济能力则是指扣除所有债务之后。

### D. 24，3，55（同一作者）保罗：《论普拉蒂》第5卷

当一位妇女在婚姻解除之后提起索回嫁资的诉讼时，如果她想收回一栋建筑，而丈夫就可能发生的损害订立了担保要式口约，那么她也应该向丈夫订立担保要式口约，以使得他的风险转移。

### D. 24，3，56（同一作者）保罗：《论普拉蒂》第6卷

如果某人被丈夫以要式口约作出如下允诺："无论任何原因，如果缇其亚终止成为你的妻子，你就退还嫁资。"根据这一概括性的声明，即使在妇女被敌人俘虏、被流放或是成为奴隶的情况下，该要式口约都将生效：在这个格式中，包含了所有的这些情形。哪些肯定要在要式口约中予以考虑? 死亡的话要考虑哪些或者离婚要考虑哪些? 应该更人性地说，要考虑因为死亡而订立的简约中（的情形）。

### D. 24，3，57 马尔切罗：《学说汇纂》第7卷

在嫁资中设立了用益物权，如果发生离婚而且物品的所有权既不属于丈夫也不属于妻子，嫁资返还时丈夫须以要式口约作出担保，即只要他还活着，则由妇女及她的继承人享有用益物权。然而我质疑增加继承人这一部分是否正确。应

datus. si, cum haberet mulier fructum, viro, cuius erat proprietas fundi, usum fructum cessit, nihil mulier heredi suo relinquet: debebatur enim ei usus fructus, qui ad heredem non solet transire. quod si fundi sui fructum mulier viro cessit, restitui is a viro debet: cum proprietate enim ad heredem eius transisset, si vir in reddendo eo non fecisset moram. si vero alienata sit proprietas aut aliquis fundi sui usum fructum mulieris iussu viro eius dederit in dotem, inspiciendum est primum, quemadmodum mulieri possit restitui: potest autem vel cautionibus interpositis, ut sic ut potest vir iure suo cedat mulieri fruique eam patiatur, vel, si se accommodavit dominus proprietatis, volente eo mulieri constituatur usus fructus: nam aut fructum fundi ille mulieri poterit cedere aut aliquid videlicet pro eo, ut inter eos actum fuerit, dare. nam et finge hoc ipsum mulierem posse proprietatis domino vendere. quo casu non inique etiam mulieris herede agente vir facere cogetur: quippe si moram non fecisset, pretium fructus mulier heredi suo reliquisset. quod si facultatem usus fructus vendendi proprietatis domino mulier non habuerit, patientiam, quam percipiendi fructus praestare ipsi debuit, etiam heredi eius praestat.

## D. 24, 3, 58 *Modestinus libro singulari de heurematicis*

Servus dotalis heres ab aliquo institutus mariti iussu vel adire vel repudiare debet hereditatem. sed ne maritus aut facile repudiando vel temere suscipiendo incognitam successionem dotis iudicio

注意用益物权在嫁资中是如何设立的。如果，妇女拥有用益物权然后转让给作为土地所有权人的丈夫，则她不会留下任何东西给她的继承人：用益物权曾经属于她，但通常不转移给继承人。但是，如果妇女将自己土地上的用益物权作为嫁资设立给丈夫，则丈夫应该将其退还；因此，如果丈夫没有迟延返还，（土地的使用）应该与所有权一起让渡给她的继承人。如果所有权已经转让或者某人根据该妇女的委托，给丈夫一块自己的地的用益物权作为她的嫁资，应该首先确定可以如何退还给妇女：可以通过订立要式口约担保，使得丈夫可以让渡自己的权利给妻子并让她可以行使利于自己的用益物权；或者是根据他们之间所具体商定的，给予某物作为替代；然后，还假设该妇女可以将用益物权出售给赤裸所有权人。因此，即使是妇女的继承人提起诉讼，丈夫也必须履行（上述的要式口约担保的给付），这样是不公平的，如果他没有迟延，妻子可以给她的继承人留下用益物权的价值。相反，如果妻子没有卖给真实的所有权人用益物权的可能性，（丈夫）则应该给继承人跟她同样的获得孳息的通融。

## D. 24, 3, 58 莫德斯丁：《论（法律）救济》单卷本

一名嫁资奴隶被某人指定为继承人，应该根据丈夫的命令接收或拒绝遗产。为了使丈夫不会因轻易地拒绝或者草率地接收了一份来路不明的遗产而受到其妻子提起的嫁资之诉的约束，应该建议（丈夫）在有证人的在场的情况下，询问妻子是愿意放弃遗产还是取得遗产。如果她说想拒绝它，毫无疑问，（奴隶）根据丈夫的命令拒绝它。反之，如果（妻子）

uxori suae obligetur, consulendum est mulierem coram testibus interrogari, utrum velit omittere an adquirere hereditatem. et si repudiare se dixerit, facile mariti iussu repudiabit. quod si hereditatem
agnoscere maluerit, reddendus est a marito servus uxori ea condicione, ut, cum iussu eius adierit, rursum marito retradatur. ita et
mariti sollicitudini consuletur et uxoris desiderio parebitur.

## D. 24, 3, 59 *Iulianus libro secundo ad Urseium Ferocem*

Filiae meae emancipatae et aegrae vir in hoc repudium misit,
ut mortua ea dotem potius heredibus eius quam mihi redderet. Sabinus dicebat utile mihi eius dotis reciperandae iudicium
dandum esse; Gaius idem.

## D. 24, 3, 60 *Proculus libro quinto epistularum*

Si filia familias nupta decesserit et pater funus ei fecerit,
tametsi ei dotem post aliquod tempus gener reddere deberet,
tamen continuo socer agendo consequetur, ut impensam funeris
praesentem recipiat, cetera dotis statuto tempore solvantur.

## D. 24, 3, 61 *Papinianus libro undecimo quaestionum*

Dotalem servum vir invita uxore manumisit. heres solus vir a
liberto institutus portionem hereditatis, quam ut patronus consequi

愿意接受遗产，丈夫应该在这种条件下将奴隶退还给妻子，即他根据她的指令接受了遗产后，再重新归还给丈夫。这样，既照顾了丈夫的担忧，又满足了妻子的愿望。

### D. 24，3，59 尤里安:《论乌尔塞尤斯·费罗克斯》第 2 卷

我女儿——她已经脱离父权且在此期间患病——的丈夫向她以如下条件单方面地提出离婚:她死亡之后，其丈夫将嫁资退还给她的继承人而不是我。萨宾认为应该给予我扩用的诉讼来索回嫁资。盖尤斯也如此（认为）。

### D. 24，3，60 普罗库勒:《书信集》第 5 卷

如果已婚的家女死亡，其父亲为她操办了葬礼，即使女婿应该在一段时间之后向其退还嫁资，岳父也可以即刻提起诉讼，立即索回葬礼的费用和在规定期限内向他给付的所有其他嫁资物品。

### D. 24，3，61 帕比尼安:《问题集》第 11 卷

丈夫违背妻子的意志而解放了嫁资奴隶。丈夫被确定为解放自由人的唯一继承人，应返还遗产中他（即丈夫）作为庇主应得且获得的份额，而如果妻子还继续反对他解放（奴

potuit ac debuit, restituere debet, alteram vero portionem dotis iudicio, si modo uxor manumittenti refragatur.

### D. 24, 3, 62 *Ulpianus libro trigesimo tertio ad edictum*

Quod si vir voluntate mulieris servos dotales manumiserit,
cum donare ei mulier voluit, nec de libertatis causa impositis ei
praestandis tenebitur.

### D. 24, 3, 63 *Paulus libro secundo ad legem Iuliam et Papiam*

et desinit servus in dote esse, quia, cui manumittendi causa
donare liceret, ei quodammodo donaret, quod permitteret manumittere.

### D. 24, 3, 64pr. *Ulpianus libro septimo ad legem Iuliam et Papiam*

Si vero negotium gerens mulieris non invitae maritus dotalem
servum voluntate eius manumiserit, debet uxori restituere quidquid
ad eum pervenit.

### D. 24, 3, 64, 1

Sed et si quid libertatis causa maritus ei imposuit, id uxori
praestabit.

隶），（她）根据嫁资之诉获得另一部分份额。

### D. 24, 3, 62 乌尔比安：《论告示》第 33 卷

反之，如果丈夫根据妻子的意志解放了嫁资奴隶，由于妻子愿意将它们赠送给他，他不必（向妻子）履行因给予自由而强加的给付。

### D. 24, 3, 63 保罗：《论尤里安及帕比亚法》第 2 卷

这样奴隶不再是嫁资的一部分，因为从她允许（丈夫）解放（奴隶）那一刻开始，在某种意义上她赠与给他了，因解放而赠与给他是合法的。

### D. 24, 3, 64pr. 乌尔比安：《论尤里安及帕比亚法》第 7 卷

如果丈夫在妻子不反对的情况下管理她的一项事务，并按照妻子的意志解放了一名嫁资奴隶，应该退还给妻子他得到的所有东西。

### D. 24, 3, 64, 1

但是，即使丈夫为了解放奴隶而强加给他某物品（作为条件），（该物品）也将给付给妻子。

## D. 24, 3, 64, 2

Plane si operae fuerint marito exhibitae, non aestimatio earum, non erit aequum hoc nomine uxori maritum quippiam praestare.

## D. 24, 3, 64, 3

Sed si post manumissionem aliquid ei fuerit liberto impositum, id uxori praestandum est.

## D. 24, 3, 64, 4

Sed et si reum maritus acceperit adpromissoremve, aeque adversus ipsum obligationem debet praestare.

## D. 24, 3, 64, 5

Item quidquid ad eum ex bonis liberti pervenerit, aeque praestare cogetur, si modo ad eum quasi ad patronum pervenerit: ceterum si alio iure, non cogetur praestare: nec enim beneficium quod in eum libertus contulit, hoc uxori debet, sed id tantum, quod iure patronatus adsequitur vel adsequi potuit. plane si ex maiore parte quam debet heres scriptus fuerit, quod amplius est non praestabit: et si forte, cum ei nihil deberet libertus, heredem eum scripsit, nihil uxori restituet.

### D. 24，3，64，2

当然，如果向丈夫履行了劳作而没有对它们进行估值，丈夫以此名义（即就劳作）向妻子支付合计的金额是不公平的。

### D. 24，3，64，3

但是如果在解放之后强加于解放自由人某物品，该物品应该给付给妻子。

### D. 24，3，64，4

但是，如果丈夫（就即将要解放的奴隶的债务）接受了一名担保人或者某人在要式口约的询问中作出了奴隶应该作出的同样的允诺，他同样地应该（向妻子）给付所产生的利于他的债务。

### D. 24，3，64，5

同样地，丈夫得到来自于解放自由人财产的某物，他必须给付（给妻子），只要他是作为庇主而得到该物；相反，如果根据一种其他的权利（而得到该物），则不用给付给她：事实上，不用给与妻子解放自由人所赋予给他的利益，只要给她由于主人的权利而得到或者可以得到的（利益）。当然，如果在遗嘱中他被记载为部分（解放自由人财产）的继承人，而这部分财产多于他所应得的，则不用返还多出的部分；如果解放自由人不应给他任何物品，而将他作为继承人记录在遗嘱中，则什么也不用退还给妻子。

## D. 24, 3, 64, 6

Dabit autem, ut ait lex, quod ad eum pervenit. pervenisse accipimus, sive iam exegit sive exigere potest, quia actio ei delata est.

## D. 24, 3, 64, 7

Adicitur in lege, ut et, si dolo malo aliquid factum sit, quo minus ad eum perveniat, teneatur.

## D. 24, 3, 64, 8

Si filium exheredaverit patronus et ad eum bona liberti pertineant, videndum est, an heres hoc nomine teneatur. et cum nihil neque ad ipsum patronum neque ad heredem eius perveniat, quomodo fieri potest, ut hoc nomine teneatur?

## D. 24, 3, 64, 9

De viro heredeque eius lex tantum loquitur: de socero successoribusque soceri nihil in lege scriptum est: et hoc Labeo quasi omissum adnotat. in quibus igitur casibus lex deficit, non erit nec utilis actio danda.

## D. 24, 3, 64, 10

Quod ait lex: ' quanta pecunia erit tantam pecuniam dato ' , ostendit aestimationem hereditatis vel bonorum liberti, non ipsam hereditatem voluisse legem praestare, nisi maritus ipsas res tradere maluerit: et hoc enim benignius admitti debet.

D. 24, 3, 64, 6

如法律所规定的，他给付"他可能得到的"。"他可能得到的"我们指的是他已经收到的和还可以要求的（物品），因为他拥有诉权。

D. 24, 3, 64, 7

在该法律中还补充道，即使（丈夫）作出某种欺诈的行为使他不获得某物，也必须同样地（就此）承担责任。

D. 24, 3, 64, 8

如果庇主剥夺了儿子的继承权且解放自由人的财产归属于后者，应该考虑一下继承人是否须对此承担责任？如果庇主或他的继承人什么都没有得到，他们如何就此承担责任呢？

D. 24, 3, 64, 9

法律仅仅讨论到丈夫及他的继承人；法律中没有提及岳父及其继承人，拉贝奥注解称是被遗漏了。因此，在法律没有提及的情况下，也不能赋予扩用之诉。

D. 24, 3, 64, 10

法律中所声称的"有多少钱，就给多少"表明法律希望（丈夫）给付遗产的或是解放自由人财产的估价，而不是遗产本身，除非丈夫愿意交付（转让）物品本身；应该承认这是（对债务人）更加妥当的方式。

**D. 24, 3, 65** *Scaevola libro singulari quaestionum publice tractatarum*

Haec actio etiam constante matrimonio mulieri competit.

**D. 24, 3, 66pr.** *Iavolenus libro sexto ex posterioribus Labeonis*

In his rebus, quas praeter numeratam pecuniam doti vir habet, dolum malum et culpam eum praestare oportere Servius ait. ea sententia Publii Mucii est: nam is in Licinnia Gracchi uxore statuit, quod res dotales in ea seditione qua Gracchus occisus erat, perissent, ait, quia Gracchi culpa ea seditio facta esset, Licinniae praestari oportere.

**D. 24, 3, 66, 1**

Servis uxoris vir nummos in vestiarium dederat, quo parato deinde intra annum divortium intercesserat. placuit Labeoni Trebatio, qualia vestimenta post divortium essent, talia viro reddi: idem iuris futurum fuisset, si ipsa vestimenta vir emisset et servis dedisset: quod si vestimenta non redderentur, tum virum pretium in dote compensaturum.

**D. 24, 3, 66, 2**

Filia familias divortio facto dotem patri reddi iusserat: deinde parte dotis persoluta pater decesserat. reliquam partem, si nec delegata nec promissa novandi animo patri fuisset, mulieri solvi debere

### D.24，3，65 谢沃拉：《公开讨论问题集》

在婚姻存续期间妻子也可以提起该诉讼。

### D.24，3，66pr. 雅沃伦：《拉贝奥遗作》第7卷

塞鲁维声称，对于丈夫拥有的嫁资中除现金外的财产，丈夫须就诈欺和过错承担责任。这个观点是普庇奥·穆齐的：在格拉阔的妻子利琴尼亚一案中如此规定：嫁资物品在暴乱中灭失，而格拉阔在该暴乱中被杀，他声称，由于该暴乱是由于格拉阔的过错而产生，这些物品应该保证（返还）给利琴尼亚。

### D.24，3，66，1

丈夫给妻子的奴隶一些钱币购买衣服；他们做到了，然后在1年之内（丈夫与妻子）离婚了。对于拉贝奥和特雷巴齐奥来说这样是妥适的，即在离婚之后，衣服应该按原状返还给丈夫；如果丈夫购买了同样的衣服并将它们给了奴隶，也适用同样的法律；如果衣服没有退还，丈夫可以在（返还的）嫁资中抵销它们的价钱。

### D.24，3，66，2

一名家女离婚了，命令将其嫁资退还给其父亲；随后，退还了一部分嫁资之后，父亲去世。拉贝奥和特雷巴齐奥认为，如果没有被委托也不是因有更新的意图而允诺给父亲的

Labeo Trebatius putant, idque verum est.

## D. 24, 3, 66, 3

Mancipia in dotem aestimata accepisti: pactum conventum deinde factum est, ut divortio facto tantidem aestimata redderes nec de partu dotalium ancillarum mentio facta est. manebit, inquit Labeo, partus tuus, quia is pro periculo mancipiorum penes te esse deberet.

## D. 24, 3, 66, 4

Mulier, quae centum dotis apud virum habebat, divortio facto ducenta a viro errante stipulata erat. Labeo putat, quanta dos fuisset, tantam deberi, sive prudens mulier plus esset stipulata sive imprudens: Labeonis sententiam probo.

## D. 24, 3, 66, 5

Uxor divortio facto partem dotis receperat, partem apud virum reliquerat, deinde alii nupserat et iterum vidua facta ad priorem virum redierat, cui centum decem doti dederat neque eius pecuniae, quae reliqua ex priore dote erat, mentionem fecerat. divortio facto reliquum ex priore dote iisdem diebus virum redditurum ait Labeo, quibus reddidisset, si superius divortium inter eos factum non esset, quoniam prioris dotis causa in sequentem dotis obligationem esset translata: et hoc verum puto.

话，剩余的部分应该退还给妇女；这是正确的。

### D. 24，3，66，3

在（你妻子）的嫁资中，你收到一些估价后的奴隶；后来达成一个简约，约定如果离婚，则你要退还同样估价的（奴隶），而没有提及嫁资女奴隶的产儿。拉贝奥说，子女是你的，因为是由你承担奴隶的风险。

### D. 24，3，66，4

一位妇女有100个金币作为嫁资在丈夫手中，离婚后丈夫以要式口约的形式被错误地允诺退还给他200个金币。拉贝奥认为，无论妻子是否知道自己被允诺退还更多的金币，应该仅退还给她嫁资的那么多（金币）。我赞成拉贝奥的观点。

### D. 24，3，66，5

妻子在离婚之后收回了部分嫁资且留下部分在丈夫手中；随后与另一个人结婚，随后变成寡妇，又回到前任丈夫身边，并给予他110金币作为嫁资且没有提及先前嫁资中留在他那里的那一部分。拉贝奥声称，如果再次离婚，丈夫应该在规定退还嫁资的相同期限内将先前嫁资中剩余的部分返还给她，假如他们之间没有发生前次离婚，先前的嫁资已转换为下一次嫁资中的债；我认为这是正确的。

## D. 24, 3, 66, 6

Si vir socero iniussu uxoris manente matrimonio dotem acceptam fecisset, etiamsi id propter egestatem soceri factum esset, viri tamen periculum futurum ait Labeo, et hoc verum est.

## D. 24, 3, 66, 7

Si quis pro muliere dotem viro promisit, deinde herede muliere relicta decesserit, qua ex parte mulier ei heres esset, pro ea parte dotis periculum, quod viri fuisset, ad mulierem pertinere ait Labeo, quia nec melius aequius esset, quod exigere vir ab uxore non potuisset, ob id ex detrimento viri mulierem locupletari: et hoc verum puto.

## D. 24, 3, 67 *Pomponius libro vicesimo epistularum*

In partem dotis reddendae erit id, quod mulieri ex periculo servi restitui debebit: et ideo et dolum et culpam in eo peculio vel adquirendo vel conservando maritus praestare debet et fructus ex eo percepti quomodo cuiuslibet rei dotalis ad maritum pertinebunt.

D. 24，3，66，6

如果在婚姻存续期间，丈夫未经妻子的同意就嫁资之债对岳父作出了口头的庄重的债务免除，拉贝奥认为，即使是因为岳父贫穷而如此为之，风险也由丈夫承担，这是正确的。

D. 24，3，66，7

如果某人以要式口约的形式为某妇女向其丈夫允诺嫁资，然后指定她为继承人，随后死亡，拉贝奥认为，原本由丈夫承担的相应部分嫁资（妻子因为这部分嫁资变成了债务人的继承人）的风险应由妻子承担。丈夫没有从妻子那得到但妻子却因丈夫的损失而获利，这样既不会更为妥当也不公平。我认为这是正确的。

D. 24，3，67 彭波尼：《书信集》第 20 卷

奴隶的特有产中应退还给妻子的，应该作为嫁资的组成部分被退还；因此，丈夫应该在取得或持有该特有产时就欺诈和过错承担责任，而且从中产生的孳息与其他任何嫁资物的孳息一样属于丈夫。

**图书在版编目（ＣＩＰ）数据**

学说汇纂. 第二十四卷，夫妻间财产关系/(古罗马) 优士丁尼著;黄美玲译.—北京：中国政法大学出版社，2016.6
　ISBN 978-7-5620-6806-8

　Ⅰ.①学…　Ⅱ.①优…　②黄…　Ⅲ.①罗马法－家庭财产－研究
Ⅳ.①D904.1

中国版本图书馆CIP数据核字(2016)第147560号

--------------------------------------------------------------------------------

出 版 者　　中国政法大学出版社

地　　址　　北京市海淀区西土城路25号

邮寄地址　　北京 100088 信箱 8034 分箱　　邮编 100088

网　　址　　http://www.cuplpress.com（网络实名：中国政法大学出版社）

电　　话　　010-58908285(总编室)　58908334(邮购部)

承　　印　　固安华明印业有限公司

开　　本　　880mm×1230mm　1/32

印　　张　　7.5

字　　数　　156 千字

版　　次　　2016 年 6 月第 1 版

印　　次　　2016 年 6 月第 1 次印刷

定　　价　　30.00 元